dtv

Kaum ein Thema beschäftigt die Deutschen so wie die bevorstehende Europäische Währungsunion. In knapp zwei Jahren, am 1. Januar 1999, soll es soweit sein. Eine Mehrheit der Bevölkerung lehnt laut Umfragen den Euro ab, will die gute Deutsche Mark behalten. Und es mehren sich die Anzeichen dafür, daß Deutschland die Maastricht-Kriterien nicht wird einhalten können. Dieses Buch, das auf einer Serie der *Süddeutschen Zeitung* basiert, beantwortet die wichtigsten Fragen zur kommenden europäischen Währungsunion. Es schildert die derzeitige Situation auf der Fahrt ins Ungewisse in Deutschland und in den anderen EU-Ländern und analysiert Pro und Contra um den Euro, der zum Wahlkampfthema 1998 avancieren wird. Doch vor der Meinung kommt die Information: Hier steht alles, was man über den Euro wissen muß.

Winfried Münster ist Wirtschaftsredakteur der *Süddeutschen Zeitung*, die weiteren Autoren sind Korrespondenten der *SZ* in den EU-Staaten und Mitarbeiter der *SZ*-Redaktion.

Der Euro

Fragen und Antworten zum neuen Europa-Geld

Herausgegeben von Winfried Münster

Mit Textbeiträgen von Roland Bettschart, Klaus Brill, Alexander Hagelüken, Gerhard Heidelberg, Friedrich Kassebeer, Helmut Kerscher, Gerd Kröncke, Winfried Münster, Andreas Oldag, Petra Prien, Claudia Specht, Johannes Willms, Markus Zydra

Deutscher Taschenbuch Verlag

Die Beiträge dieses Bandes erschienen zwischen
11. März und 21. März 1997 als Serie unter dem Titel
»Wenn der Euro kommt«
in der *Süddeutschen Zeitung*.

Die 9 Grafiken zu den Länderanalysen stammen von
Reinhard Glaser

Karikaturen von Heinz Birg und Pepsch Gottscheber

Originalausgabe
Oktober 1997

Umschlagkonzept: Balk & Brumshagen
Umschlagbild: © Bavaria Bildagentur
Redaktion und Satz: Lektyre Verlagsbüro,
Olaf Benzinger, Germering
Druck und Bindung: C. H. Beck'sche Buchdruckerei, Nördlingen
Gedruckt auf säurefreiem, chlorfrei gebleichtem Papier
Printed in Germany · ISBN 3-423-36058-5

Inhalt

Einleitung

»Wenn der Euro kommt«, so hat die *Süddeutsche Zeitung* ihre zehnteilige Serie, die diesem Buch zugrunde liegt, über das künftige europäische Gemeinschaftsgeld überschrieben und damit bewußt einen doppeldeutigen Titel gewählt. Das Wörtchen »Wenn« verweist zum einen auf die Konsequenzen der Währungsumstellung, zum anderen auf die Ungewißheit, die über dem Projekt liegt.

Oder ist der Euro inzwischen etwa Gewißheit? Im März, als die Serie erschien, deutete noch nichts darauf hin, daß die für das Frühjahr 1998 angesetzten französischen Parlamentswahlen um ein Jahr vorgezogen würden, damit Frankreichs Staatspräsident Jacques Chirac freie Hand bekäme, sein Land auch mit schmerzlichen Entscheidungen auf die Währungsunion vorzubereiten. Auch hatte Bundeskanzler Helmut Kohl noch nicht mit der später überraschenden Verve seine Kandidatur für eine fünfte Kanzlerschaft verkündet, die ihm die politische Macht sichern soll, die Währungsunion durchzusetzen. Zwar wagte die *Süddeutsche Zeitung* damals schon die Prognose, daß der Euro kommen werde. Zu stark schien der Druck der Großindustrie und der Geschäftsbanken, zu selbstsicher die Beteuerungen der Bundesregierung, der Euro werde pünktlich zum 1. Januar 1999 eingeführt, und zu weit schon die Zeit fortgeschritten, als daß die Währungsunion noch hätte verschoben, geschweige denn abgesagt werden können. Aber die Prognose war dennoch eine Spekulation, und zwar eine gewagte, denn es sah so aus, als würden Frankreich und Deutschland ihr Staatsdefizit nicht auf drei Prozent des Bruttoinlandsprodukts herunterschrauben können, wie es der Vertrag von Maastricht vorschreibt. Nun hat das Wahlergebnis in Frankreich zwar Gewißheit gebracht, aber nicht die, die Chirac suchte: Das Staatsdefizit seines Landes wird im maßgeblichen Jahr 1997 in der Tat nicht auf drei Prozent zu senken sein. Danit ist die Währungsunion nicht verschoben – sie bleibt aber umstritten. In der Diskussion der nächsten Monate wird sich erweisen, wie stark der politische Wille der EU-Staaten ist, zu einer gemeinschaftlichen Währung zu gelangen.

Den Anstoß zu der Serie gaben immer drängendere Bitten der Leser um Aufklärung darüber, was eigentlich konkret passiert, wenn die D-Mark durch den Euro ersetzt wird, und welche Konsequenzen die Umstellung für all diejenigen hat, die ihr Einkommen in D-Mark beziehen, ihre Ersparnisse in D-Mark angelegt sowie ihre Altersversorgung in D-Mark gesichert haben. Da es nicht allein von Deutschland abhängt, ob der Euro eingeführt wird, galt es ferner, einen Blick über nationale Grenzen hinweg in die Nachbarländer zu werfen, die schließlich Partner beim Euro sein sollen. Zum dritten durften die Stimmen der politischen und wirtschaftlichen Prominenz nicht fehlen. Allerdings wurden nicht hauptsächlich diejenigen Persönlichkeiten aus Wirtschaft und Politik um ihre Meinung gebeten, die ohnehin den höchsten Bekanntheitsgrad genießen, sondern jene, die der *Süddeutschen Zeitung* besonders kompetent erschienen.

Natürlich ist Verständlichkeit das oberste Gebot, wenn möglichst viele Leser angesprochen werden sollen. Aber das Thema »Währungsunion« zwingt zu einer Gratwanderung zwischen leichter Lesbarkeit und sachlicher Korrektheit, und so mußten sowohl der sachlich versierte als auch der »schnelle« Leser um Kompromißbereitschaft ersucht werden. Auch sollte die Serie möglichst umfassend sein, wenngleich sie nicht den Anspruch auf Vollständigkeit erheben konnte. An der Resonanz zeigte sich, daß vielen Lesern 50 Fragen und Antworten bei weitem nicht ausreichten.

Sinn und Zweck der fast täglichen Interviews war es, das Meinungsspektrum im Lande widerzuspiegeln. Die Autoren der Serie, ausnahmslos Redakteurinnen und Redakteure der *Süddeutschen Zeitung*, sahen es nicht als ihre Aufgabe an, ihre eigene Haltung zum Euro darzulegen. So haben sie weder für die Währungsunion geschwärmt noch vor ihr gewarnt. Eines aber war ihnen allen wichtig: Sie wollten ihre Leser davon überzeugen, daß sich niemand vor dem Euro fürchten muß. Die Europäische Währungsunion bringt eine Währungsumstellung, keine Währungsreform mit der für sie typischen Vernichtung von Geldvermögen. Der Euro nimmt niemandem etwas weg.

Winfried Münster, im Juni 1997

Das politische Spektrum der Währungsreform

Der Bürger merkt zunächst nichts

Nach dem 1. Januar 1999 bleibt die D-Mark drei Jahre lang neben dem Euro

Die Fragen 1 bis 5

Von Winfried Münster

1. Wie sicher ist es, daß der Euro kommt?

Noch kann niemand mit Bestimmtheit sagen, daß der Euro kommt, denn mit Ausnahme Luxemburgs haben alle Mitgliedstaaten der EU Schwierigkeiten, den Qualifikationskriterien des Vertrages von Maastricht gerecht zu werden. Im Jahr 1997 kommt es darauf an: Die Länder müssen das Gesamtdefizit ihrer öffentlichen Haushalte zumindest in die Nähe der Obergrenze von drei Prozent des Bruttoinlandsprodukts bringen und vier weiteren Qualifikationskriterien genügen, anhand derer sich ermessen läßt, ob sie auch die Staatsschuld unter Kontrolle gebracht und für stabile Wechselkurse gesorgt haben. Es ist nicht sicher, daß dies einer ausreichenden Anzahl von Mitgliedstaaten gelingt. Nach Meinung des amtierenden Vorsitzenden des Sachverständigenrates zur Begutachtung der gesamtwirtschaftlichen Entwicklung ist für die Bundesrepublik wie für die weitaus meisten anderen Kandidatenländer das Rennen bereits gelaufen. Herbert Hax: »Bei strikter Anwendung der Kriterien kann die Wirtschafts- und Währungsunion 1999 nicht zustande kommen.«

2. Kann die EU-Gipfelkonferenz nicht auf Drängen des französischen Staatspräsidenten Jacques Chirac und des Bundeskanzlers politisch beschließen, daß die Währungsunion 1999 auf jeden Fall beginnen soll?

Die Staats- und Regierungschefs der 15er-Gemeinschaft müssen im Frühjahr 1998 darüber befinden, welche ihrer Länder die Aufnahmebedingungen erfüllen und somit entsprechend dem Vertrag verpflichtet sind, eine Währungsunion einzugehen. Von dieser Verpflichtung ausgenommen sind nur Dänemark und Großbritannien. Der Vertrag gibt der EU-Gipfelkonferenz weiten Ermessensspielraum, so daß sie eine lohnende Zahl von Kandidaten in die Währungsunion entsenden kann, wenn sie will. Die Aufgabe wird ihr zumal dadurch erleichtert, daß keine Mindestzahl festgesetzt ist. Der Gipfel wird mit qualifizierter Mehrheit, also mit mindestens 62 der insgesamt 87 Stimmen entscheiden, die die 15 Mitgliedstaaten im europäischen Ministerrat haben. Auf die Bundesrepublik entfallen 10 Stimmen. Die Staats- und Regierungschefs müssen aber in einigen Ländern noch um Vertrauen in die Währungsunion werben.

Wie wichtig dies ist, verdeutlicht der Mannheimer Professor für europäische Wirtschaftsforschung, Wolfgang Franz, so: »Wenn die Leute nicht glauben, daß der Euro gutes Geld ist, können wir die Sache vergessen.« So spricht einiges dafür, daß die Staats- und Regierungschefs politisch nicht mehr, sondern weniger Ermessensspielraum haben, als ihnen der Vertrag gibt. Sie wären dann gezwungen, die Qualifikationskriterien so strikt auszulegen, daß sich nicht genügend Kandidaten finden.

Die Gipfelkonferenz muß die EU-Finanzminister sowie das Europäische Parlament anhören und die Meinung des Europäischen Währungsinstituts (EWI) in Frankfurt einholen, und in dessen Meinung kommt auch die Position der Bundesbank zum Ausdruck. Das Parlament wird den Gipfel ermutigen, die Qualifikationskriterien großzügig auszulegen. Schon im Finanzminister-Rat aber könnte es zu Auseinandersetzungen kommen zwischen den »Hardlinern«, zu denen auch der Bonner Ressortchef Theo Waigel gehört, und den Vertretern jener Länder, die, wie Italien und

Spanien, eine großzügige Interpretation der Vertragsbestimmungen benötigen, um die Aufnahmeprüfung zu bestehen. Waigel bekräftigte beispielsweise noch vor wenigen Tagen: »Drei ist drei.« Damit wollte der Minister sagen, daß er auf der Obergrenze für das Staatsdefizit, die in einem Protokoll zum Maastrichter Vertrag auf drei Prozent des Bruttoinlandsprodukts festgesetzt worden ist, beharre, also allenfalls noch 3,1 oder 3,2 Prozent, aber nichts darüber hinaus mehr gelten lassen wolle.

Auch der Präsident des EWI, Alexandre Lamfalussy, versichert, sein Haus, das 1999 aller Voraussicht nach in der Europäischen Zentralbank aufgehen wird, werde die Kriterien streng auslegen. In seinem sogenannten Konvergenzbericht vom vergangenen November stellte das EWI fest, daß »zur Zeit eine Mehrheit der Mitgliedstaaten die notwendigen Voraussetzungen für die Einführung einer einheitlichen Währung nicht erfüllt«. Geben die Finanzminister und das Währungsinstitut kein grünes Licht für die Währungsunion oder kommt in ihren Stellungnahmen auch nur Skepsis zum Ausdruck, so können die Staats- und Regierungschefs dies nicht ignorieren. Zu groß wäre die Gefahr, daß es auf den Devisenmärkten zu Spekulationswellen gegen die europäischen Währungen käme. Also könnte der Gipfel beschließen, das Projekt um ein Jahr zu verschieben.

3. Wenn die Währungsunion zum 1. Januar 1999 eingeläutet wird, was genau passiert dann?

Nichts, was sichtbar oder mit Händen zu greifen wäre. Von Neujahr '99 an gelten die Wechselkurse der Währungen, die im Euro aufgehen sollen, als festgeschrieben. Der französische Franc etwa kann sich dann nicht mehr gegenüber der D-Mark ab- oder aufwerten. Wollten sich die französischen Banken in großem Stil mit D-Mark eindecken, so müßte die Bundesbank ihnen jede gewünschte Summe gutschreiben und dafür Francs zum Beispiel zu dem Kurs entgegennehmen, der am letzten Werktag des Jahres 1998 am Devisenmarkt gegolten hat.

Die Europäische Zentralbank (EZB) wird bereits unmittelbar nach der Entscheidung der Gipfelkonferenz im Frühjahr '98 mit Sitz in Frankfurt gegründet. Am 1. Januar 1999 übernimmt sie von den nationalen Zentralbanken, also auch von der Bundesbank, die geld- und zinspolitischen Entscheidungskompetenzen. Sie bestimmt fortan über die Höhe der Zinsen im Gebiet der Währungsunion sowie darüber, ob die Wirtschaft reichlich oder nur knapp mit Geld versorgt werden soll. Sie führt von sofort an alle Konten in Euro. Für die EZB sind die nationalen Währungen von der ersten Stunde an nur noch nationale Ausdruckzeichen für den Euro. Die Bundesbank bleibt bestehen, ist aber nur noch ausführendes Organ. Sie und die anderen nationalen Zentralbanken im Gebiet der Währungsunion bilden mit der EZB an der Spitze das Europäische Zentralbanksystem.

Der Bürger merkt von alledem nichts. Er bezahlt, bekommt sein Geld und rechnet weiterhin wie gewohnt in D-Mark. Reist er nach Frankreich, so muß er nach wie vor Mark gegen Franc eintauschen, aber eben zum unveränderlichen Wechselkurs. Ebenso ändert sich nichts an der Preisbildung. Die Preise können auch in Zukunft in Frankreich schneller oder langsamer steigen als in Deutschland.

4. Wann kommen die ersten Euro?

Der Euro taucht erst nach und nach auf, und zwar drei Jahre lang, bis zum 1. Januar 2002, neben der Mark. Vermutlich sieht man ihn zuerst auf den Kurszetteln der Geld- und Kapitalmärkte, dann auf den Abrechnungen zum Beispiel der Stadtwerke und der Telefongesellschaft, ferner als ständigen Gast auf den privaten Kontoauszügen und schließlich, gegen Ende der dreijährigen Übergangsperiode, auf den Preisschildern in den Schaufenstern. Wer will, kann sich schon bald nach Neujahr '99 ein Euro-Konto einrichten und in Euro überweisen. Am 1. Januar 2002 aber werden alle D-Mark-Preisschilder verschwinden, und binnen eines halben Jahres werden alle nationalen Geldscheine und Münzen in Euro-Noten und -Münzen umgetauscht.

5. Verliert die Mark an Wert, wenn sie mit anderen Währungen verkettet wird? Ist mehr Inflation die Folge?

Nein, das Festschreiben der Wechselkurse hat nur sehr indirekt etwas mit dem Wert der Währung zu tun. Der Wert des Geldes hängt von der Finanzpolitik des Staates und der Geldpolitik der Zentralbank ab, und so geht die der Zentralbank zukommende Teilverantwortung für den Wert des Geldes am 1. Januar 1999 von der Bundesbank auf die EZB über. Deren Politik bestimmt fortan darüber mit, ob und wie stark die Preise steigen. Doch was immer die EZB tut, sie kann nicht allen Ländern Preisstabilität sichern, denn Preisstabilität hängt auch von der nationalen Wirtschafts- und Finanzpolitik ab. Den Ländern kann indes die EZB nicht hineinreden. Das ist Sache des EU-Ministerrates.

Der Eindruck, es werde wegen Maastricht gespart, ist falsch

Interview mit Bundesfinanzminister Theo Waigel

SZ: Herr Minister, Sie müssen 1997 die Maastrichter Kriterien erfüllen, und so ist der Eindruck entstanden, als sparten Sie für Maastricht. Müssen selbst die Kumpel im Ruhrgebiet für den Euro Opfer bringen?

Waigel: Der Eindruck, es müsse wegen Maastricht gespart werden, ist falsch. In Deutschland müssen wir sparen, weil stabile Staatsfinanzen die entscheidende Voraussetzung für dauerhaftes Wachstum und wettbewerbsfähige Arbeitsplätze sind. Dies ist unter Sachverständigen weltweit unbestritten. Die Strukturprobleme in den Kohleregionen haben damit nichts zu tun. Hier stellt sich vielmehr die Frage, ob es den Steuerzahlern dauerhaft zugemutet werden kann, eine Subventionierung, wie sie in keinem anderen Bereich stattfindet, weiterzuführen. Es besteht doch kein Zweifel: An diesem Strukturwandel geht kein Weg vorbei.

SZ: Da es fast allen EU-Staaten, selbst Deutschland, gegenwärtig schwerfällt, die Staatsfinanzen zu konsolidieren, und es der Währungsunion noch an Vertrauen mangelt, wäre es dann nicht ratsam, jetzt zu verschieben und die Ungewißheit zu beenden?

Waigel: Der Maastricht-Vertrag und der von mir initiierte »Stabilitäts- und Wachstumspakt« sind ehrgeizig. Deshalb werden nicht alle 15 Mitgliedstaaten der EU den strengen Anforderungen für die Währungsunion entsprechen können oder wollen. Die Entscheidung darüber, wer von Anfang an teilnimmt, trifft im Frühjahr 1998 der Europäische Rat auf der Basis der dann vorliegenden Ist-Zahlen des Jahres 1997. Natürlich müssen alle Länder ihre Konsolidierungspolitik fortsetzen – auch Deutschland. Die Bundesregierung wird alles daransetzen, unter Beweis zu stellen, wie ernst sie das Ziel nachhaltig gesunder Staatsfinanzen nimmt. Eine Verschiebungsdebatte führt zu nichts.

SZ: Die meisten Ökonomen halten den Stabilitätspakt zugunsten solider Staatsfinanzen in der Währungsunion für unzureichend, weil die von Ihnen verlangten automatischen Sanktionen gegen übermäßige Defizite in der EU nicht durchgesetzt werden konnten. Wieso eigentlich sind Sie trotzdem mit dem Pakt zufrieden?

Waigel: Beim Stabilitäts- und Wachstumspakt wurde der Ermessensspielraum des Rates stabilitätsgerecht eingeschränkt, und zwar durch eine genaue Quantifizierung der Ausnahmetatbestände, des Zeitrahmens und der Sanktionen. Diese Definitionen machen das Verfahren transparent und überprüfbar. Dadurch ist das Ergebnis des Ratsverfahrens vorhersehbar, das heißt, es wurde eine Quasi-Automatik erreicht. Ich glaube, wir haben in Dublin eine gute Lösung gefunden, und deshalb bin ich mit dem Erreichten sehr zufrieden.

SZ: Was sagen Sie zu dem Argument, dem Finanzminister sei eine schwache Währung lieber als eine harte, weil der Staat stets Inflationsgewinnler sei? Also falle auch Ihnen der Abschied von der D-Mark leicht?

Waigel: In den 70er und sehr frühen 80er Jahren gab es noch deutsche Politiker, die glaubten, mit etwas mehr Inflation ließen sich das Wirtschaftswachstum ankurbeln und Arbeitsplätze schaffen. Dieser Irrtum ist inzwischen weltweit entlarvt. Auch die Publikationen des Internationalen Währungsfonds zu diesem Thema belegen dies. Stabile Rahmenbedingungen, dazu gehört insbesondere auch ein stabiler Geldwert, sind eine entscheidende Voraussetzung für dauerhaftes Wachstum und die Schaffung wettbewerbsfähiger Arbeitsplätze. Kein ernstzunehmender Fachmann wird heute etwas anderes behaupten. Ich bin stets für eine starke Währung eingetreten. Auch zur Zeit der Wiedervereinigung und ihrer ungeheuren Kostenbelastung hat der Wert der D-Mark nie gewackelt.

(Interview: Winfried Münster, 11. März 1997)

Zeichnung: Pepsch Gottscheber

Die finanziellen Auswirkungen des Euro

Auch Schwarzgeld wird umgetauscht

Es gibt keine Spekulationsgewinne, aber um welche Guthaben es sich handelt, wird nicht geprüft

Die Fragen 6 bis 10

Von Winfried Münster

6. Was passiert mit dem Geld, das man auf der Bank liegen hat, wenn der Euro eingeführt wird, die Mark aber noch bestehen bleibt?

Nichts, niemand verliert Geld, es gibt auch keine Spekulationsgewinne. Man muß keine neuen Konten einrichten. Die Kontoauszüge und Abrechnungen erscheinen etwas weniger übersichtlich, wenn stets zwei Beträge, in D-Mark und in Euro, aufgeführt werden. Dafür schafft die doppelte Abrechnung mit der Zeit Vertrauen in den Euro, da sich verfolgen läßt, daß sich schließlich nicht die Wertverhältnisse, sondern nur die Zahlen sowie der Name der Währung ändern. Die Währungsunion bedeutet eine Währungsumstellung, keine Währungsreform. Über den Daumen gepeilt halbieren sich für die Bundesbürger die Beträge. Aus zwei Mark wird ein Euro. Gewöhnungsbedürftig würde die Währungsunion allenfalls für die Italiener, da sich 2000 Lire in einen Euro verwandeln.

Die Banken werden aller Voraussicht nach sehr schnell den vorübergehenden parallelen Verbleib der nationalen Währung als Last empfinden, denn sie haben sich mit der Bundesbank darauf geeinigt, von sofort, also von '99 an, in Euro abzurechnen, alle inländischen Clearing-Systeme auf die Einheitswährung umzustellen, intern also nur in Euro zu rechnen. In D-Mark rechnen sie dann nur noch für ihre Kunden um, und dies verursacht hohe Kosten. Zu erwarten ist auch, daß der offizielle Börsenhandel in Renten und Aktien mit den entsprechenden Kursnotierungen sehr schnell auf Euro umgestellt wird. Innerhalb der dreijährigen Übergangszeit werden ferner zumindest die großen Unternehmen nicht allzu lange damit warten dürfen, ihren Zahlungsverkehr auf Euro umzustellen. Vom Bäcker um die Ecke erwartet man dies allerdings nicht. Er kann sich theoretisch bis zum 1. Januar 2002 weigern, Euro anzunehmen.

7. Wird die Mark schließlich automatisch durch den Euro ersetzt?

Ja, wenn das ganze Projekt nicht abgebrochen und der Übergang zum Euro nicht willentlich verlangsamt wird. Es bedarf keiner Beschlüsse der EU-Gipfelkonferenz mehr. Festzuhalten ist, daß der Vertrag von Maastricht von einer Gemeinschaftswährung nur als Zukunftsprojekt spricht. Im Artikel 3a werden die Aufgaben der Europäischen Union beschrieben. Zu ihnen gehört die »unwiderrufliche Festlegung der Wechselkurse im Hinblick auf die Einführung einer einheitlichen Währung.« In Maastricht ging es also um die unauflösliche Verkettung der heutigen nationalen Valuten. Diese Verkettung, und nicht die einheitliche Währung, ist das Wesen der Währungsunion, denn die politische Motivation hinter dem ganzen Projekt liegt in der einheitlichen, einer europäischen Institution übertragenen Geld- und Kreditpolitik. Die Gemeinschaft sollte über den Wert des Geldes nach außen wie innen bestimmen. Dazu bedarf es nur einer europäischen Zentralbank und festgeschriebener Wechselkurse, nicht dagegen einer gemeinsamen Währung.

8. Wenn der Euro die Mark ablöst, erleidet der Kontoinhaber dann Einbußen?

Nein, in keiner Weise. Es werden alle Guthaben in Euro umgerechnet, auch Schwarzgeld. Die seinerzeitige Anregung des Vorsitzenden der CDU-Sozialausschüsse, Rainer Eppelmann, es sollten nur steuerlich deklarierte Gelder in Euro umgetauscht werden, stieß in Fachkreisen auf völliges Unverständnis. Dies wäre eine der typischen Maßnahmen einer Währungsreform, in der Geldvermögen vernichtet würde. Alle D-Mark-Guthaben werden nach Plan spätestens Anfang 2002 automatisch auf Euro umgestellt. Niemand prüft, um welche Guthaben es sich handelt. Laufende Verträge müssen nicht umgestellt werden. Wo immer noch D-Mark-Beträge auftauchen, »meinen« die Beträge in der Fachsprache der Juristen währungsrechtlich kraft Rechtsverordnung den Euro. Die nationalen Währungen sind nur noch als ein anderer Ausdruck für Euro zu begreifen. Es muß nichts umgeschrieben werden. Statt dessen wird der Taschenrechner nützlicher denn je. Hingegen wird wohl noch weit über das Jahr 2002 hinaus nationales Bargeld im Umlauf bleiben. Der Umtausch von D-Mark-Münzen und Pfennigen ist bisher nicht befristet. Man wird sie noch viele Jahre lang in Euro-Münzen umtauschen können. Mit der Ausgabe der Euro-Münzen wird ohnehin erst im Jahre 2002 begonnen.

9. Besteht die Gefahr, daß die Umrechnung in Euro zur »kalten« Abwertung der D-Mark genutzt wird?

Ja. Diese Gefahr erwächst aber nicht daraus, daß der Rat der europäischen Finanzminister geneigt sein könnte, die Wechselkurse zu manipulieren, bevor sie festgeschrieben werden. Vielmehr könnten sich Wertverschiebungen zum einen aus der Umrechnungsmethode ergeben, zum anderen am Markt, der krumme Beträge womöglich glättet, einen DM-Kurs des Euro von, sagen wir 1,92, vielleicht alsbald auf zwei Mark hochschreibt. Die Umrechnungsmethode ist noch offen. Die Finanzminister müssen sich erst am 1. Januar 1999 entscheiden. Es liegt nahe, diejenigen Wechselkurse festzuschreiben, die am letzten Werktag des abgelaufenen Jahres am Devisenmarkt notiert wurden. Der Ministerrat kann sich aber auch für Durchschnittskurse zurückliegender Perioden entscheiden. Wie auch immer, der Rat kann die Wechselkurse zwischen dem Euro und den nationalen Währungen nicht nach politischem Gutdünken festsetzen. Er muß vielmehr diejenigen Kurse akzeptieren, die sich entsprechend der Referenzperiode, die er gewählt hat, ergeben; denn der Maastrichter Vertrag verlangt, daß der Euro beim Start dem Wert der Ecu entspricht. Die Ecu-Kurse aber entwickeln sich am Markt. Die Deutsche Bank als erfahrener Profi auf dem Gebiet empfiehlt, Durchschnittskurse der Ecu für den Zeitraum von zwei Jahren vor Beginn der Währungsunion zu verwenden und dieses Verfahren jetzt schon verbindlich anzukündigen. Dies würde in der Tat zeitig Sicherheit schaffen.

10. Ist es denkbar, daß das ganze Projekt noch in der Übergangszeit abgebrochen wird?

Offenkundig haben manche Politiker sowie die Banken und Großunternehmen, kurz alle, die intensiv auf die Währungsunion drängen, große Angst davor. Als die Finanzminister der EU 1994/95 das Übergangsszenario entwarfen, da drängte die Europäische Kommission darauf, die öffentliche Hand und alle großen Körperschaften darauf zu verpflichten, möglichst umgehend auf Euro umzustellen, die nationalen Währungen gleichsam nur im privaten Zahlungsverkehr zuzulassen. Der zuständige Kommissar Yves Thibauld de Silguy machte kein Hehl aus seiner Furcht, die Ablösung der nationalen Währungen durch den Euro könne sonst allzu leicht immer weiter hinausgeschoben werden. Waigel hingegen dachte genau umgekehrt, denn ihm kam es darauf an, die dreijährige Übergangszeit auch als Probezeit für den Euro zu nutzen.

Der Bonner Finanzminister hat sich weitgehend durchgesetzt, und so verlegen sich die Banken heute auf Mahnungen. Die Deutsche Bank etwa schreibt: »Die breite Verwendung des Euro gleich zu Beginn der Phase B (vom 1. Januar 1999 bis zur Ablösung der nationalen Währungen sowie Einführung der Euro-Geldscheine und -Münzen in der ersten Hälfte 2002) ist wünschenswert, da sie die Unumkehrbarkeit und Glaubwürdigkeit der Währungsumstellung untermauert.«

Wer darf in den Euro-Club?

Von Winfried Münster

Ob ein Land die im Maastrichter Vertrag gesetzten Kriterien erfüllt, darüber trifft zunächst der Rat der Europäischen Union – mit qualifizierter Mehrheit – eine Vorentscheidung. Der Rat setzt sich in diesem Fall aus den Wirtschafts- und Finanzministern der 15 Mitgliedstaaten zusammen. Die Kriterien werden auf die ökonomischen Ist-Daten für 1997 angewandt. Letztere werden Ende Februar/Anfang März 1998 bekannt. Die Entscheidung ist für April 1998 vorgesehen. Auf der Grundlage dieses Votums und unter »gebührender Berücksichtigung« der Meinung anderer EU-Institutionen wie Kommission, Parlament und Europäischem Währungsinstitut fällen anschließend die Staats- und Regierungschefs der EU eine endgültige Entscheidung.

Die Kriterien:

1. Das Staatsdefizit darf höchstens drei Prozent des Bruttoinlandsprodukts (BIP) betragen.
2. Die Gesamtschuld der Öffentlichen Hand darf 60 Prozent des BIP nicht überschreiten.
3. Die Inflationsrate darf höchstens 1,5 Prozentpunkte über dem Durchschnitt der drei preisstabilsten Länder liegen. Zur Berechnung werden die seit Anfang März vorliegenden EU-weit harmonisierten Inflationszahlen herangezogen.
4. Das Land muß seit zwei Jahren ohne große Kursschwankungen am Wechselkurs-Verbund des Europäischen Währungssystems teilgenommen haben.
5. Die langfristigen Zinssätze dürfen mindestens ein Jahr lang höchstens zwei Prozent über dem Durchschnitt der drei preisstabilsten Länder liegen.

Bei den Kriterien Defizit und Gesamtschuld läßt Artikel 104c des Vertrags Ausnahmen von den strengen Zahlenwerten zu: Das Verhältnis von öffentlichem Defizit und BIP darf den Referenzwert von drei Prozent überschreiten, wenn es entweder »erheblich und laufend zurückgegangen ist und einen Wert in der Nähe des Referenzwerts erreicht hat«, oder »der Referenzwert nur ausnahmsweise und vorübergehend überschritten wird und das Verhältnis in der Nähe des Referenzwerts bleibt«. Bei der Gesamtschuld gilt, daß das Verhältnis des öffentlichen Schuldenstands zum BIP den Referenzwert von 60 Prozent überschreiten darf, wenn »das Verhältnis hinreichend rückläufig ist und sich rasch genug dem Referenzwert nähert«. Ferner werden zur Feststellung eines übermäßigen Defizits auch »alle sonstigen einschlägigen Faktoren« berücksichtigt, »einschließlich der mittelfristigen Wirtschafts- und Haushaltslage des Mitgliedstaats«. Es besteht also reichlich politischer Spielraum. Dem steht allerdings die wiederholte Festlegung Bundesfinanzminister Theo Waigels (»Drei ist drei.«) entgegen, daß er diesen Spielraum unter keinen Umständen zu nutzen gedenkt.

Die Maastrichter Kriterien – Ermahnung zu solider Haushaltspolitik

Alle reden von den Maastrichter Kriterien

Der Euro-Club hat keine Lust,
für Schuldenmacher höhere Zinsen
zu zahlen

Die Fragen 11 bis 15

Von Andreas Oldag

11. Alle reden von den Maastrichter Kriterien. Warum sind sie so wichtig?

Die im Maastrichter Vertrag festgelegten Konvergenz- oder Qualifikationskriterien sind ein Fitneßprogramm für die Euro-Kandidaten. Die Länder sollen beweisen, daß sie geld- und finanzpolitisch an einem Strang ziehen. Im Vordergrund steht das Ziel, den Euro zu einer harten und stabilen Währung zu machen. Dies setzt voraus, daß die Wechselkurse für den Umtausch der nationalen Währungen lange vor dem Start der Währungsunion nur noch sehr geringen Schwankungen unterworfen sind. Kein Land soll durch Währungsabwertungen, die seine Exporte verbilligen würden, Vorteile erlangen können. Auf zwei Kriterien kommt es besonders an: Das Staatsdefizit, also das Gesamtdefizit aller öffentlichen Haushalte, darf nicht über drei Prozent des Bruttoinlandsprodukts (BIP) steigen. Die Gesamtschuld der Öffentlichen Hand darf höchstens 60 Prozent des Bruttoinlandsprodukts betragen.

12. Wo liegt der Zusammenhang zwischen dem Staatsdefizit sowie der Staatsschuld und der Stärke des Euro?

Es gibt keinen direkten Zusammenhang. Hätte die Bundesrepublik, etwa zur Finanzierung des Aufbaus Ostdeutschlands, ihr Staatsdefizit in den letzten Jahren auf über vier Prozent ansteigen lassen – die D-Mark wäre heute vermutlich kaum weniger hart. Statt dessen lägen die Zinsen höher. Aber: Es ist schwer, eine Defizitwirtschaft auf Dauer im Gleichgewicht zu halten. Mit jedem Haushaltsdefizit nimmt die Zinslast des Staates zu. Da er immer mehr Zinsen zahlen muß, steht ihm immer weniger Geld zur Verfügung, um seine eigentlichen Aufgaben zu erfüllen. Unterstellt man, daß kein Staat endlos die Steuern erhöhen kann – auch dies würde auf die Dauer ja seine Volkswirtschaft ruinieren –, muß er in wachsendem Maße Kredit aufnehmen. Das Defizit nimmt zu, die Zinslast wächst schneller, und entsprechend steigen die Zinsen. Ein Teufelskreis.

Bisher haben Staaten, die in diese Lage gerieten, letztlich die Notenpresse angeworfen, soll heißen, sie haben die Zentralbank gezwungen, ihnen Kredit zu geben. Das Ergebnis war meist: Inflation und eine zerrüttete Währung. Bei der Europäischen Zentralbank aber können sich die Länder nicht mehr refinanzieren. Die EZB darf dem Staat keine Kredite geben. Das bedeutet, daß der Staat in der Währungsunion buchstäblich pleite gehen kann – oder, was eher anzunehmen ist, von den Partnerländern aus seiner Lage befreit werden muß. Das wollen die Partner vermeiden, und es würde dem Euro auch nicht helfen. Die finanziellen Lasten, die die europäische Währung schwächen, würden dann nur auf andere Schultern verteilt. Im übrigen möchten die Partner schon verhindern, daß sie des Sünderlandes wegen steigende Zinsen hinnehmen müssen. Deshalb sind die Maastrichter Kriterien so wichtig.

13. Warum wurden ausgerechnet drei beziehungsweise 60 Prozent als Obergrenzen für das Defizit und die Staatsschuld festgesetzt?

Die Väter des Maastrichter Vertrags haben das Schuldenstands- und Haushaltsdefizitkriterium nach einer Faustformel festgelegt: Beim Vertragsabschluß Ende 1991 betrug der durchschnittliche Schuldenstand in den EU-Ländern 60 Prozent des BIP. Unter der Annahme eines nominalen Wirtschaftswachstums von jährlich fünf Prozent reicht ein Haushaltsdefizit von drei Prozent, um den Schuldenberg nicht weiter wachsen zu lassen. Viele Volkswirte bezweifeln allerdings, ob eine solche Berechnung wirklich Sinn ergibt. Sie kritisieren, daß die Kandidaten für die Währungsunion in ein allzu enges Korsett gezwängt werden. Norbert Walter, Chefvolkswirt der Deutschen Bank AG: »Anzumahnen ist in jedem Fall eine sachgerechte Interpretation der Maastricht-Kriterien. Dies gilt besonders für die fiskalpolitische Meßlatte Defizit und Schuldenstand. Bei ihrer Festlegung 1991 ging man nicht davon aus, daß sie auch unter den Bedingungen einer schweren Rezession zu erfüllen seien.«

14. Wie steht es um die Einhaltung der Konvergenzkriterien?

Erhebliche Fortschritte haben die EU-Staaten bei den monetären Konvergenzkriterien erzielt. Die langfristigen Zinsen sind in den meisten Ländern schon jetzt ausreichend niedrig, und zwar liegen sie, wie im Maastrichter Vertrag gefordert, um höchstens zwei Prozentpunkte über den Sätzen in den drei preisstabilsten Ländern. Die durchschnittliche Inflationsrate der Mitgliedsstaaten hat sich in der ersten Hälfte der 90er Jahre gegenüber der ersten Hälfte der 80er Jahre mehr als halbiert. Bis auf Großbritannien, Griechenland und Schweden nehmen mittlerweile alle EU-Länder am Wechselkursmechanismus des Europäischen Währungssystems (EWS) teil. Sie verpflichten sich damit zur Einhaltung der »normalen« Bandbreiten bei den Wechselkursen. Größere Probleme gibt es dagegen bei den finanzpolitischen Kriterien. Während die öffentliche Bruttoschuld 1993 in den 15 EU-Staaten schon bei durchschnittlich 66,1 Prozent lag, erreichte sie 1996 sogar 73,5 Prozent. Nicht viel besser sieht es bei der Neuverschuldung aus. Sie betrug im Jahr 1996 im Durchschnitt 4,4 Prozent des BIP.

15. Gibt es einen Interpretationsspielraum für die Kriterien?

Vor allem um die Auslegung der fiskalpolitischen Kriterien ist ein erbitterter Streit entbrannt, bei dem nicht nur Politiker und Banker, sondern auch Wissenschaftler konträre Positionen vertreten. Die Befürworter einer weicheren Interpretation berufen sich auf den Artikel 104c des Maastrichter Vertrags zur Überwachung der Haushaltslage in den Mitgliedsstaaten. Danach müssen die Kriterien nicht unbedingt punktgenau erfüllt werden. Nur: Je größer der Kreis der Teilnehmer, die mit wohlwollender Betrachtung die Kriterien erfüllen, desto größer ist die Gefahr, daß der Euro das Vertrauen der Finanzmärkte nicht gewinnt.

Auf die Persönlichkeiten kommt es an

Interview mit Bundesbank-Vizepräsident Johann W. Gaddum

SZ: Herr Gaddum, für die Stabilität des Euro ist es notwendig, daß die nationalen Wirtschafts-, Finanz- und Geldpolitiken sehr eng aufeinander abgestimmt sind. Wie kann das erreicht werden?

Gaddum: In der Währungsunion wird es nur noch die einheitliche Geldpolitik der Europäischen Zentralbank (EZB) geben. Nationale Geldpolitik ist nicht mehr möglich. Die einheitliche Geldpolitik darf nicht durch auseinanderlaufende nationale Finanz- und Wirtschaftspolitik konterkariert werden. Sonst drohen Konflikte und damit Wachstumsverluste. Die Regierungen der Teilnehmerländer müssen daher zu einem gewissen Maß an Koordinierung ihrer diesbezüglichen Politik bereit sein. Sie müssen also in der Währungsunion wohl oder übel einen gewissen Souveränitätsverzicht üben. Ein Weg dazu ist der in Dublin verabschiedete Stabilitätspakt. Er soll die vom Vertrag vorgeschriebene Begrenzung öffentlicher Defizite besser durchsetzbar machen. Man darf gespannt sein, wie die Europäische Kommission diesem Auftrag nachkommt. Der von verschiedenen Seiten angeregte Stabilitätsrat, bestehend aus den zuständigen Ministern der Teilnehmerländer, könnte eine Basis für die laufende Koordinierung der nationalen Finanzpolitik bilden.

SZ: Gibt die Bundesrepublik mit der Teilnahme an der Währungsunion nicht wichtige Instrumente aus der Hand, mit denen sie die Wirtschaft stärken sollte?

Gaddum: Der Auftrag der Bundesbank, die Währung zu sichern, geht auf die EZB über. Die EZB ist ebenso wie die Bundesbank auf Stabilität verpflichtet, gerade damit und auch nur in diesem Rahmen kann sie durch ihre Politik die Wirtschaft stärken. Alle anderen Bereiche der Politik bleiben primär weiterhin in der Zuständigkeit der deutschen Regierung. Dies allerdings mit dem gerade erwähnten Zwang zu stärkerer gegenseitiger Rücksichtnahme.

SZ: Besteht nicht die Gefahr, daß die EZB unter dem Druck der europäischen Regierungen immer mehr von ihrer postulierten Unabhängigkeit verliert?

Gaddum: Das wäre schlimm für das Vertrauen in den Euro und hätte gegenteilige Folgen für Wachstum und Beschäftigung. Der Vertrag sichert die Unabhängigkeit der EZB. Auch Geldpolitik wird wie jede Politik von Menschen gemacht – in der Bundesbank und künftig in der EZB. Deshalb wird es vor allem auf die Persönlichkeiten an der Spitze der EZB, die nationalen Notenbankpräsidenten und die Mitglieder des EZB-Direktoriums, ankommen. Öffentlichem Druck wird sicherlich auch eine europäische Zentralbank ausgesetzt sein. Dann muß der EZB-Rat Stehvermögen zeigen und seinem Stabilitätsauftrag den vom Vertrag vorgeschriebenen Vorrang einräumen.

SZ: Wird die EZB noch unabhängige Entscheidungen treffen können, wenn aus den europäischen Ländern Forderungen zum Beispiel nach einer bestimmten Wechselkurspolitik bezogen auf den Dollar kommen?

Gaddum: Die EZB würde ihrem Auftrag zuwiderhandeln, wenn sie zum Beispiel durch eine auf Abwertung des Euro gerichtete Geldpolitik Inflationsgefahren heraufbeschwören würde.

(Interview: Claudia Specht, 13. März 1997)

Auswirkungen auf den Arbeitsmarkt

Nichts für den Arbeitnehmer?

Neue Jobs schafft der Euro allenfalls auf lange Sicht

Die Fragen 16 bis 20

Von Winfried Münster

16. Euro oder Arbeitsplätze? Ist das die Alternative?

Nein, aber korrekt stellen sich zwei Fragen: Mindert der Zwang zum Sparen, den die Maastricht-Kriterien auf Bundesfinanzminister Theo Waigel ausüben, die Chance auf neue Arbeitsplätze? Und: Wird sich die Währungsunion, wenn sie erst einmal begonnen hat, günstig auf den Arbeitsmarkt auswirken? Um mit der zweiten Frage zu beginnen: Es gibt keinen unmittelbaren Zusammenhang zwischen der Währungsunion und dem Arbeitsmarkt. Das Entstehen neuer Arbeitsplätze hängt auch in Zukunft in erster Linie von der Wettbewerbsfähigkeit und Innovationskraft der Unternehmen ab. Zugunsten der Wettbewerbsfähigkeit wiederum darf der Arbeitnehmer für den Arbeitgeber nicht zu teuer sein. Es ist jedoch denkbar, daß die Währungsunion – und zwar schon dann, wenn sie noch gar nicht begonnen hat – Investitionen und somit das Entstehen neuer Arbeitsplätze im einen Mitgliedsland anregt, im anderen entmutigt.

Angenommen, die Investitionsbedingungen in Frankreich und Deutschland wären in etwa gleich, Zweifel am langfristigen Werterhalt des französischen Franc hätten manche Investoren aber zu den Zeiten, als vom Euro noch nicht die Rede war, davon abgehalten, ihr Kapital in Frankreich zu binden. In diesem Fall würde die Währungsunion – sogar schon vom Zeitpunkt ihrer Ankündigung an – Investitionen im Nachbarland tendenziell begünstigen, zu Hause dagegen relativ benachteiligen, denn der Investor vertraut mit Blick auf den Euro darauf, daß der Franc nicht mehr gegenüber der Mark abgewertet wird. Die Währungsunion nimmt dem Standort Deutschland den Vorteil der harten, werterhaltenden Währung.

Der für den Binnenmarkt zuständige EU-Kommissar Mario Monti sieht dagegen nur Gewinner. Der Euro festige den Binnenmarkt. Der Binnenmarkt wiederum biete den Unternehmen weit markt. Der Binnenmarkt wiederum biete den Unternehmen weit größere Chancen, neue Produkte gewinnbringend abzusetzen, als der kleinere nationale Markt. Unter dem Strich sorge die Währungsunion also tendenziell überall für zusätzliche Arbeitsplätze.

17. Was wird gegen Waigels Maastricht-Politik eingewendet?

Das Deutsche Institut für Wirtschaftsforschung (DIW) in Berlin erklärt im Fanfarenton: »Kurskorrektur auf dem Weg nach Maastricht erforderlich.« Daß der Finanzminister versuche, die Summe aller öffentlichen Haushaltsfehlbeträge auf unter drei Prozent des Bruttoinlandsprodukts (BIP) zu drücken, rufe selbst bei niedrigen Zinsen »gravierende ökonomische und soziale Schäden« hervor. Begründung: Gegenüber mehr als der Hälfte aller Güter und Dienstleistungen, die die gesamte Volkswirtschaft hervorbringt, bestimmt der Staat, ob von heute auf morgen mehr oder weniger gekauft wird. Verordnet er Zurückhaltung (indem er weniger Straßen und Kläranlagen baut und es beispielsweise teurer macht, zum Arzt zu gehen), dämpft er Produktion, Absatz und somit Einkommen. Neue Arbeitsplätze werden so eine Seltenheit. Von Waigels Argument, wenn der Staat spare, sänken die Zinsen, hält das DIW nicht viel. Fazit: Die Bundesregierung solle das Maastrichter Gebot, das Staatsdefizit unterhalb von drei Prozent zu halten, ignorieren.

18. Läuft die Debatte um die Arbeitsplätze dann nicht darauf hinaus, daß die Währungsunion verschoben werden soll?

Nicht für die Kritiker. Sie argumentieren, zum ersten werde Waigels Sparpolitik wegen der gesellschaftlichen Widerstände ohnehin scheitern. Zum zweiten werde das Drei-Prozent-Ziel nicht aufgegeben, sondern für später angestrebt. Es werde obendrein mit größerer Wahrscheinlichkeit erreicht als auf Waigels Weg, weil die Konjunktur schneller anspringe und den Kämmerern dann wieder mehr Steuereinnahmen beschere, mit denen sie das Defizit drücken könnten. Es sinkt dann auch schon rein rechnerisch, da das Maastrichter Gebot als Verhältnis von Fehlbetrag zum Bruttoinlandsprodukt (BIP) ausgedrückt ist und das BIP im Wirtschaftsaufschwung schneller zunimmt. Dies ermutigt beispielsweise die SPD-Abgeordnete Sigrid Skarpelis-Sperk, einen Konjunkturstabilisierungs-Fonds vorzuschlagen, aus dem Bund, Länder und Kommunen zinslose Kredite erhalten. Ginge die Arbeitslosenrate zurück, so würden diese Kredite automatisch getilgt. Das Staatsdefizit läge zwar just dann, wenn die Aufnahmeprüfung für die Währungsunion angesetzt ist, zu hoch, aber schon zwei Jahre später unter dem Niveau, das mit Waigels Politik erreicht würde. Also brauche man die Währungsunion nicht zu verschieben.

19. Bedeutet die Währungsunion für den Arbeitnehmer ein unmittelbares Einkommensrisiko?

Ja und nein. Sie verstärkt den Wettbewerb zwischen den Wirtschaftszweigen ihrer Mitgliedstaaten, allein schon deshalb, weil sie die Angebotspreise diesseits und jenseits der nationalen Grenzen besser vergleichbar macht. Wettbewerb übt direkt und indirekt Druck auf die Arbeitnehmer-Einkommen aus. Zum einen herrscht Wettbewerb auch auf den Arbeitsmärkten, zum andern hält er die Erlöse in Grenzen, die die Unternehmen am Markt erzielen, und die letztlich bestimmen, was der Arbeitgeber seinen Mitarbeitern zahlen kann. Andererseits verlockt Wettbewerb, im Gegensatz zur regulierten Wirtschaft oder zum monopolistischen Staatsbetrieb, wie es die Telephongesellschaft früher war, zur Gründung von Unternehmen, ergo zum Einrichten neuer Arbeitsplätze, siehe die im Zuge ihrer Liberalisierung rapide wachsenden Märkte der Telekommunikation und des Fernsehens. Den Ausschlag gibt letztlich nicht die Währungsunion, es geben ihn vielmehr die wirtschaftliche Verfassung des einzelnen Mitgliedslandes und die nationale Wirtschaftspolitik.

Die Gefahren, die von der Währungsunion ausgehen, sind somit ziemlich entfernt und im übrigen um so geringer, je kleiner die Union ausfällt. Würden ihr neben Deutschland beispielsweise nur Frankreich, Österreich, Dänemark und die Benelux-Staaten angehören, so entstünde wohl kaum ein Billiglohn-Wettbewerb. Ergo würden die Vorteile, die das größere Währungsgebiet der unternehmerischen Entfaltung böte, überwiegen, auch zum Nutzen der Arbeitnehmer. Verlöre ein Land dennoch wegen der Währungsunion Arbeitsplätze, so gälte sie dort allerdings schnell als gescheitert.

20. Verzichtet Minister Waigel wegen Maastricht auf ein Arbeitsplatz-Beschaffungsprogramm?

Nein, der Minister hält vielmehr nichts von Beschäftigungsprogrammen. Für ihn wie für den Sachverständigenrat zur Begutachtung der gesamtwirtschaftlichen Entwicklung kommt es vielmehr darauf an, den Staat mit seiner enormen Nachfragemacht, seinen hohen Steuern und seinen die unternehmerische Initiative erstickenden Regulierungen zurückzustutzen, damit die Privatwirtschaft mehr investieren und Arbeitsplätze schaffen kann. Maastricht helfe ihm dabei. Kurzfristig kann die Sparpolitik allerdings, das geben auch konservative Ökonomen zu, Arbeitsplätze kosten.

Die Europäische Zentralbank soll auch an Arbeitsplätze denken

Interview mit Michael Geuenich, Mitglied des Vorstandes des Deutschen Gewerkschaftsbundes

SZ: Herr Geuenich, warum halten Sie in der Währungsunion eine gemeinsame Finanz- und Sozialpolitik für nötig?

Geuenich: Grundzüge einer europäischen Finanzpolitik sind im Maastricht-Vertrag sehr konkret vorgegeben. Aus unserer Sicht haben diese Vorgaben allerdings einen viel zu ausschließlichen Bezug auf Haushaltsdefizite. Wir vermissen konkrete Spielregeln zur Koordinierung der Finanzpolitik, auch mit der Zielsetzung eines hohen Beschäftigungsstandes. In der Sozialpolitik kommt es für uns darauf an, daß durch Vorgabe sozialer Mindeststandards Sozialdumping von vornherein ausgeschlossen wird. Es darf keinem Staat erlaubt sein, durch eine bewußt unter den volkswirtschaftlichen Möglichkeiten liegende Politik der sozialen Absicherung Wettbewerbsvorteile auf der Kosten- oder Beitragsseite zu erzielen.

SZ: Die Aussichten für eine harmonisierte Finanz- und Sozialpolitik sind schlecht. Der Chef der IG Bau-Agrar-Umwelt, Klaus Wiesehügel, spricht sich für eine Verschiebung der Währungsunion aus, bis es zur Harmonisierung gekommen ist. Teilt der DGB diese Position?

Geuenich: Klaus Wiesehügel hat nicht irgendeine Politik-Harmonisierung gefordert, sondern eindringlich vor einer zu starken Fixierung auf die finanzpolitischen Konvergenzkriterien gewarnt. Ich unterstütze ihn darin, daß niemandem mit einer solchen Fixierung geholfen ist, weil die Massenarbeitslosigkeit unser Problem ist. Ihre Wurzeln liegen allerdings in einer Zeit, als von Einhaltung der Konvergenzkriterien noch keine Rede war. Wer aber jetzt nur der punktgenauen Erfüllung des Defizitkriteriums hinterherläuft, der schwächt die Nachfrage, bremst das Wirtschaftswachstum und verschärft die Massenarbeitslosigkeit weiter. Der Maastricht-Vertrag erfordert das nicht. Man erkennt an dieser Politik die Philosophie der Angebotspolitiker in Bonn. Eine Verschiebung der Währungsunion ändert an dieser Fehlverhaltensweise nichts. Sie trägt nicht zu mehr Beschäftigung bei. Eine Verschiebung wird zu einer DM-Aufwertung führen und die exportabhängigen Arbeitsplätze gefährden.

SZ: Da in der Währungsunion nicht mehr abgewertet werden kann, wenn die Wettbewerbsfähigkeit der Exportwirtschaft nachläßt, müssen die Löhne gedrückt werden. Können Sie sich damit abfinden?

Geuenich: Mindestens sieben bis acht EU-Mitglieder haben ihre Wechselkurse fest aneinander gekettet und kommen ohne Auf- und Abwertungen aus. Die DM hat für die übrigen Währungen eine Orientierungsfunktion. Sie kann diese Funktion nicht zuletzt deshalb ausüben, weil von der relativen Kostenstabilität in Deutschland seit jeher eine gute Ausgangsposition auch für Preis- und Währungsstabilität besteht. Dies wiederum hängt damit zusammen, daß die Gewerkschaften sich in ihrer Lohnpolitik auch von der Produktivität leiten lassen. Diese Lohnpolitik hat dazu beigetragen, daß die DM und die Währungen des DM-Blocks immer wieder unter Aufwertungsdruck gerieten. Entscheidend sind die Lohnstückkosten. Diese hängen von der Produktivität ab. Wir rechnen nicht damit, daß wegen der Währungsunion die Löhne in Deutschland stärker unter Druck geraten werden.

SZ: Sie werfen der Bundesbank vor, in ihrer Geldpolitik zu wenig Rücksicht auf Beschäftigung und Wachstum zu nehmen. Aber auch die künftige Europäische Zentralbank (EZB) ist allein der Preisstabilität verpflichtet.

Geuenich: Es ist richtig, daß es zwischen den verteilungsorientierten Gewerkschaften einerseits und der ausschließlich stabilitätsorientierten Bundesbank andererseits häufig zum Konflikt gekommen ist. Es gibt aber immer politische Interpretationsspielräume, so in der Frage, welche Zahl denn vor dem Komma stehen muß, damit Preisstabilität herrscht. Auch eine stabilitätsverpflichtete EZB kann bei der Abwägung von Preisstabilität und Beschäftigung etwas mehr der Beschäftigung zuneigen, als wir es von der Bundesbank gewohnt sind. Ich will selbstverständlich keinen weichen Euro; aber ich will auch nicht, daß die EZB den Ehrgeiz entwickelt, Stabilitäts-Weltrekorde aufzustellen.

(Interview: Winfried Münster, 14. März 1997)

Die Qualität der neuen Währung

Wie man sich vor einem weichen Euro schützt

Geldanlage und die neue Währung

Die Fragen 21 bis 25

Von Alexander Hagelüken

21. Soll man nur in Sachwerte wie Gold oder Immobilien investieren, um sich vor einem weichen Euro zu schützen?

Nein. Es wäre unsinnig, sich nur deshalb für oder gegen eine Geldanlage zu entscheiden, weil der Euro ansteht. Wichtiger für die Entscheidung sind die persönliche Neigung, Risiken einzugehen, sowie die allgemeinen Renditechancen einer Anlageform. Warum? Eine zu teuer gekaufte Immobilie in schlechter Lage macht nur Kummer, obwohl ihr Wert nicht unter Inflation leidet. Goldbarren sind zinslos.

Unsinnig wäre eine Flucht in Sachwerte schon deshalb, weil heute niemand wissen kann, ob der Euro schwächer wird als die Mark – und ob er pünktlich startet. Die Entscheidung über die Teilnehmerländer fällt im Frühjahr 1998. Bis dahin läßt sich nur anhand von drei Szenarien spekulieren, welche Anlageformen wie vom Euro betroffen sind:

Szenario 1: Pünktlicher Start einer Kern-Union aus Deutschland, Frankreich, den Benelux-Staaten, Österreich sowie eventuell Irland und Finnland.

Szenario 2: Die traditionell inflationsgeschüttelten Länder wie Portugal, Spanien und Italien starten gleich mit.

Szenario 3: Der Euro wird verschoben.

22. Szenario 1: Welche Geldanlagen gewinnen tendenziell durch eine Kernwährungsunion?

Aktien gelten als Profiteure einer Euro-Währung. Exportierende Firmen sparen die Kosten für den Devisenumtausch und die Absicherung gegen Kursschwankungen. Außerdem nimmt der Euro deutschen Unternehmen eine Last. Ein Staat wie Frankreich könnte keinen Franc mehr abwerten, um seinen Waren Vorteile zu verschaffen. Kursgewinne winken also bei Aktien aus exportorientierten Branchen wie Chemie, Auto- oder Maschinenbau. Weiteres Plus: Der Euro wertet die Börsen aller Teilnehmer auf. Denn durch eine gemeinsame Währung sind die Märkte für die kapitalkräftigen Anleger aus USA oder Japan übersichtlicher. Zum Beispiel lassen sich dann deutsche und österreichische Stahlaktien leichter vergleichen. Das bedeutet auch: Der Druck auf Unternehmen, die sich nicht der Aktionärspflege (shareholder value) verschreiben, nimmt zu. Zeichnet sich eine Kernunion ab, gibt es keinen Grund, sich aus DM-Anlagen zu verabschieden. Die Inflationsraten der sechs Kernländer waren seit 1985 ähnlich niedrig. Das heißt: Kommt ein Kern-Euro, droht Festgeld nicht von hohen Inflationsraten angeknabbert zu werden. Und es sind durch den Euro kaum höhere Zinsen zu erwarten, so daß bei DM-Anleihen (die ja später in Euro zurückgezahlt werden), kaum Kursverluste zu befürchten sind. Kleinere Kursgewinne versprechen irische oder finnische Anleihen, da die Teilnahme dieser Staaten noch unsicher erscheint. Wer an eine Kernunion glaubt, kann auch mit Ecu-Anleihen spekulieren. In die Recheneinheit Ecu fließen derzeit zwölf europäische Devisen ein. Weil darunter mit einem Gewicht von 13 Prozent Weichwährungen wie Lira, Peseta und Drachme sind, bringen Ecu-Anleihen als Risikoprämie höhere Zinsen als eine DM-Anleihe. Später sollen Ecu-Anleihen 1:1 in Euro-Anleihen umgetauscht werden. Da ein Kern-Euro stabiler wäre als der Ecu, verheißt er Kursgewinne für Ecu-Anleihen. Für alle diese Überlegungen gilt: Die Auswahl dieser Länder ist nur der Anfang des Euro. Steuert die Europäische Zentralbank keinen so stabilitätsorientierten Kurs wie die Bundesbank, wird auch ein harter Kern-Euro schnell weich.

23. Szenario 2: Welche Anlagen gewinnen tendenziell durch eine große Währungsunion?

Eine große Währungsunion bedeutet nicht automatisch einen weichen Euro. Doch wegen der traditionell höheren Inflation in Südeuropa sind die internationalen Anleger skeptisch. Die durchschnittliche jährliche Inflationsrate der Kernländer betrug seit 1985 2,3 Prozent. In Italien waren es 5,2 Prozent, in Spanien 5,6 Prozent und in Portugal 8,6 Prozent. Deshalb ist unabhängig vom Wirken der künftigen Zentralbank zu erwarten, daß Anleger zunächst eine Risikoprämie in Form höherer Zinsen verlangen. Zeichnet sich ein großer Euro ab, würden daher die Zinsen von DM-Anleihen, die in Euro zurückgezahlt werden, erst mal steigen. Es drohen Kursverluste. Gewinner eines großen Euro wären vermutlich Dollaranlagen. Eine Fluchtwährung macht aber nur Sinn, wenn sie vernünftige Zinsen abwirft.

Das gleiche gilt für Immobilien. Als Sachwert würden sie wohl profitieren, wenn Inflation den Euro aufweicht. Der Finanzierungsbedarf für eine Immobilie ist aber so hoch, daß ein Kauf nur wegen des Euro keine gute Idee wäre. Wenn schon Absicherung, dann mit Immobilienfonds. Ein weicherer Euro mit einem Prozentpunkt mehr Inflation wäre aber schwerlich ein Grund, in Sachwerte zu flüchten. Nimmt man die Inflation der vergangenen zehn Jahre zum Maßstab, beträgt die durchschnittliche Teuerung der Teilnehmer einer großen Währungsunion 3,5 Prozent, also besagter Prozentpunkt mehr als heute in Deutschland.

Den Aktien winken ähnliche Vorteile wie bei einer Kern-Union, nur erweitert um größere Exportchancen nach Südeuropa. Höhere Zinsen allerdings schaden fast immer den Aktienkursen.

24. Szenario 3: Welche Folgen hätte eine Verschiebung des Euro?

Nutznießer könnten DM-Anleihen sein. Denn die Mark würde in ihre Rolle als inflationssicherer Hafen zurückschlüpfen, zumindest auf Zeit. Ernüchternd wäre eine Vertagung für die Aktienkurse, die von der Hoffnung auf den Euro profitieren. Risiken drohen auch bei Immobilien, falls die Angst vor einem weichen Euro bis dahin die Preise hochgetrieben hat.

25. Welches Szenario ist das wahrscheinlichste?

Mit aller gebotenen Vorsicht läßt sich eine Beobachtung mitteilen: Der Euro hat die Finanzmärkte schon längst beeinflußt. Bisher mußten Staaten mit höherer Inflation und höheren Haushaltsdefiziten stets höhere Zinsen zahlen als die Bundesrepublik. Inzwischen haben die internationalen Anleger die früheren Rendite-Differenzen zwischen den Kernländern so gut wie eingeebnet.

Und auch die Renditen von Schwachwährungsländern wie Italien näherten sich an. Das hat zwei Gründe. Erstens honorieren die Anleger die Stabilitätsanstrengungen dieser Staaten. Zweitens kalkulieren sie (mit unterschiedlichen Wahrscheinlichkeiten) auch eine Teilnahme dieser Staaten am Euro ein. Und lauten die Anleihen später auf dieselbe Währung, gibt es fast keinen Grund, warum sich ihre Renditen unterscheiden sollten. Ausnahme: Die erwartete Zahlungsfähigkeit des staatlichen Schuldners. Doch die wird bei den Kernstaaten ähnlich hoch eingeschätzt. Und es gilt als wenig wahrscheinlich, daß ein südeuropäischer Staat seine Staatspapiere nicht mehr tilgt. Diese Logik spricht für sich annähernde Zinsen.

Anhand der Zinsdifferenzen läßt sich nun verfolgen, für wie wahrscheinlich die Finanzmärkte gerade ein Zustandekommen des Euro oder die Teilnahme bestimmter Staaten halten. Die Commerzbank hat aus den Terminzinsen einen Indikator entwickelt. Aktuell startet der Euro demnach mit 80prozentiger Wahrscheinlichkeit pünktlich. Und Italien hat eine knapp positive Chance von 60 Prozent, sofort teilzunehmen. Allerdings gilt bei alledem eine wichtige Einschränkung: Zinsen werden nicht nur vom Euro beeinflußt, sondern beispielsweise auch von der Konjunktur, der Politik der nationalen Notenbanken oder dem US-Rentenmarkt.

Mein Rat: Ruhig Blut bewahren

Fragen an Thomas Bieler, Verbraucherzentrale NRW

SZ: Sollte man den Euro schon jetzt bei der Geldanlage berücksichtigen?

Bieler: Heute läßt sich noch kein konkreter Tip geben. Alles hängt mit der Einhaltung der Maastricht-Kriterien und dem Teilnehmerkreis zusammen. Gezielt investieren kann nur der, der schon fest an ein bestimmtes Szenario, zum Beispiel an einen weichen Euro, glaubt. Mein Rat zum Euro ist, ruhig Blut zu bewahren.

SZ: Wer abwarten will, könnte sich ja mit bestimmten Anlagen Zeit kaufen, bis die Entscheidungen gefallen sind.

Bieler: Genau. Da bieten sich zum Beispiel Bundesschatzbriefe an. Die haben kein Kursrisiko, und nach einem Jahr, von heute gerechnet also im Frühjahr 1998, kann man die Papiere zurückgeben und erhält sein Geld samt einem ordentlichen Zinssatz. Übrigens haben die meisten Banken ähnliche Produkte aufgelegt. Achten muß man auf die Rückgabebedingungen.

SZ: Was droht beim weichen Euro?

Bieler: Dann erleiden Nominalwertanlagen wie Sparbücher oder Lebensversicherungen wohl Kaufkraftverluste. Die Devise kann aber nicht sein, nur in Sachwerte wie Immobilien oder Aktien zu investieren. Das beste ist eine vernünftige Mischung aus sicheren und unsicheren Anlagen. Aktien etwa haben Risiken, und die Kurse sind in letzter Zeit stark gestiegen. Wer hier kauft, muß zu einem langfristigen Engagement bereit sein, um Kursverluste aussitzen zu können.

SZ: Fluchtanlagen sind so eine Sache. Wer in den Schweizer Franken geflüchtet ist, fiel schon auf die Nase.

Bieler: Die Schweizer Notenbank will eine starke Aufwertung verhindern. Der Franken ist also keine sichere Bank. Falls zuviel Geld hereinrollt, drohen sogar Strafzinsen für Auslandsanleger wie in den 70er Jahren.

(Interview: Alexander Hagelüken, 15. März 1997)

Brennpunkt Lebensversicherung und Bausparvertrag

Auch im Euro-Land genießen Anleihen unterschiedliche Bonität

Von Alexander Hagelüken

Leistungen und Beiträge der Lebensversicherungen erfolgen spätestens von 2002 an in Euro, wenn die Währungsunion pünktlich beginnt. Auf die Zahlungen an sich hat die neue Währung nur einen Einfluß, wenn Geld dann weniger wert ist, also bei einem weichen Euro. Auf eine Entwertung der Leistungen können die Versicherer jedoch reagieren, indem sie in Nicht-Euro-Anlagen investieren oder nach renditeträchtigeren Produkten Ausschau halten. Deutsche Lebensversicherer legen die Beiträge der Versicherten meist sehr konservativ an, schöpfen beispielsweise den zulässigen Aktienanteil kaum aus. Daher sind Angebote anderer Europäer interessant.

Wer seine bestehende Lebensversicherung kündigen will, sollte nachrechnen und sich nach dem genauen Rückkaufswert erkundigen. Die vorzeitige Kündigung eines Vertrags hat meist finanzielle Nachteile, die den Wechsel zu einem anderen Anbieter oder zu einer anderen Geldanlage unrentabel machen.

Auch für Bausparverträge gilt, daß die Zahlungen spätestens 2002 in Euro zu leisten sind. Wenn sich durch einen weichen Euro der Wert des Geldes verringert, wirkt sich das aus. Beiträge wären im Vergleich zum Wert von Waren leichter zu erbringen, im Gegenzug verteuert sich der Preis der angestrebten Immobilie durch die Entwertung des Geldes.

Dafür müssen Bausparer wohl höhere Zinsen eines weichen Euro nicht fürchten. Die Deutsche Bank schreibt: »Die Zinsentwicklung nach Beginn der Währungsunion ist für laufende Bausparverträge unerheblich, da sie ein konstant niedrig verzinsliches Baudarlehen garantieren, unabhängig von der jeweiligen Zinssituation am Kapitalmarkt.«

Unterscheiden sich künftig die Renditen europäischer Anleihen? Heute gibt es zwei Faktoren, durch die sich italienische Lira-Staatsanleihen und deutsche DM-Staatsanleihen unterscheiden. Der erste ist die unterschiedliche Währung. Weil die Lira über Jahre konstant an Wert verloren hat, muß der Staat seine Schuldpapiere mit einem höheren Zins ausstatten als DM-Papiere, damit überhaupt jemand Lira-Anleihen kauft und so den römischen Schuldenberg finanziert. Wenn der Euro kommt, fällt dieses Währungsrisiko weg.

Trotzdem kann es dem Anleger künftig nicht egal sein, von welchem Schuldner er eine Euro-Anleihe kauft. Anleihen unterscheiden sich auch durch die erwartete Zahlungsfähigkeit der Schuldner, die Bonität. Rating-Agenturen wie Standard & Poor's und Moody's bewerten regelmäßig diese Zahlungsfähigkeit. Private Schuldner wie manches Unternehmen erhalten dabei durchaus skeptische Bewertungen für ihre Anleihen (so Fokker nach der Trennung von Daimler). Bei staatlichen europäischen Schuldnern sind die Unterschiede nicht so groß, da sie bisher meist alle Anleihen pünktlich zurückzahlten. Doch auch hier bewerten die Agenturen die Zahlungsfähigkeit unterschiedlich, was sich heute schon an Anleihen ablesen läßt, die auf DM lauten. Deutsche DM-Staatsanleihen haben eine höhere Bonität und eine niedrigere Rendite als schwedische DM-Werte.

Wie stark diese Unterschiede künftig sind, hängt davon ab, ob die Haushalte der ärmeren EU-Staaten auch künftig durch Strukturhilfen aufgebessert werden. Ferner davon, ob die anderen Euro-Teilnehmer einem Mitglied unter die Arme greifen, das in Zahlungsschwierigkeiten gerät. Geschieht dies, würde es generell die Bonität der südeuropäischen Staaten erhöhen. Der Vertrag von Maastricht verbietet solche Manöver aber.

PRESSWEHEN MIT STEISSLAGE

Zeichnung: Heinz Birg

Die Geschichte des Euro

Der Vater von Jung-Euro heißt Jacques Delors

Die Währungsunion ist aus dem deutsch-französischen Verhältnis hervorgegangen

Die Fragen 26 bis 30

Von Winfried Münster

26. Wer hat die Maastrichter Währungsunion erfunden?

Niemand hat ein Patent eintragen lassen. Seit Gründung der Europäischen Wirtschaftsgemeinschaft (EWG) im Jahre 1957 wird diskutiert, daß der gemeinsame Markt ohne Binnengrenzen durch eine gemeinsame Währung gefestigt werden müsse. Im Jahre 1969 forderte die Gipfelkonferenz der damaligen Europäischen Gemeinschaft (EG) ihre Finanzminister sowie die EG-Kommission auf, einen Stufenplan für eine Wirtschafts- und Währungsunion zu entwerfen. Eine Arbeitsgruppe unter dem damaligen luxemburgischen Ministerpräsidenten Pierre Werner legte ein Jahr später ihren Entwurf eines Drei-Stufen-Projekts vor, mit dem sofort begonnen werden und das 1980 vollendet sein sollte. Der Werner-Plan war der heutigen Maastrichter Währungsunion schon verblüffend ähnlich. Ihm fehlte jedoch die entscheidende Voraussetzung für den Erfolg: Er wurde nicht, wie Maastricht, in die Form des ratifizierten, völkerrechtlich verbindlichen Vertrages gegossen. Vielmehr mußte jede Stufe mitsamt ihren Details von neuem beschlossen werden. Der Plan blieb auf der zweiten Stufe hängen.

Allerdings reagierte Frankreich damals auch noch anders auf wirtschaftliche Schwierigkeiten als heute. Im Jahre 1973 brach die erste Öl-Krise aus. Paris glaubte damals, die EG-Partner sollten eine solche Krise nicht gemeinsam angehen, vielmehr bliebe am besten jeder auf sich selbst gestellt.

27. Ist nicht Frankreich heute die maßgebliche Triebkraft hinter der Europäischen Währungsunion?

Ohne Zweifel. Nach dem Scheitern des Werner-Plans hatten sich die währungspolitischen Zeiten eben gewaltig geändert. In den 70er Jahren war Souveränitätsverzicht zugunsten des europäischen Einigungsprozesses für die Franzosen undenkbar. Im darauffolgenden Jahrzehnt wurde ihnen klar, daß sie ihre Souveränität in der Währungspolitik bereits verloren hatten, und zwar an die Bundesbank. Staatspräsident François Mitterrand mußte nach seinem Amtsantritt im Jahre 1981 den Franc mehrmals hintereinander gegenüber der D-Mark und anderen Währungen im neuen Europäischen Währungssystem (EWS) abwerten. Jede Abwertung bedeutete den Verlust des Vertrauens der Kapitalmärkte in den französischen Franc. Es kam zu einer Spirale von Kapitalflucht, Inflation und neuer Abwertung, und es war offenkundig, daß diese Spirale erst dann zum Stillstand kommen würde, wenn die Märkte davon überzeugt waren, daß es die nächste Abwertung nicht mehr geben werde. Ergo blieb der Regierung in Paris nichts anderes mehr übrig, als ihre Zinspolitik der Frankfurter Währungsbehörde zu überantworten, gleichgültig, ob die Zinsen ins Konjunkturbild paßten oder nicht.

Vertrauen in den Franc zu schaffen, hieß auch, Frankreichs Defizit- und Schwachwährungswirtschaft auf Preisstabilität und solide Staatsfinanzen umzustellen. Dies gelang, und zwar dem damaligen Finanzminister Jacques Delors. Sein »Plan de rigeur« (Plan der Strenge) von 1983 war die Grundlage für die Genesung des Franc. Dieser Plan ist in Wahrheit die Geburtsstunde der Maastrichter Währungsunion.

28. Hat Frankreich seinen Status als Siegermacht genutzt und sich die Währungsunion mit seiner Zustimmung zur deutschen Wiedervereinigung erkauft?

Ja, aber das kann man netter ausdrücken. Frankreich wollte einen Beweis dafür, daß sich auch das größere Deutschland bereitwillig in die Europäische Union einbinden lassen und nicht im Gefühl neuer Stärke eigene Wege gehen würde. Deutschlands Bereitwilligkeit stand außer Zweifel, und dem früheren Bundesaußenminister Hans-Dietrich Genscher fiel es auch nicht schwer, den Wünschen aus Paris zu entsprechen. Er hatte die Währungsunion lange zuvor schon in aller Form offeriert, und zwar in seinem »Memorandum für die Schaffung eines europäischen Währungsraumes und einer Europäischen Zentralbank« vom 26. Februar 1988. Diesem Memorandum gingen allerdings entsprechende französische Forderungen voraus, und man darf wohl sagen, daß Genschers Vorschlag nicht in erster Linie wirtschaftspolitisch, sondern überwiegend durch des Ministers Sorge um die Festigkeit des deutsch-französischen Verhältnisses motiviert war. Frankreich empfand die währungspolitische Dominanz der Bundesbank als unerträglich, zugegeben, nicht grundlos. Trotz Delors' »Plan de rigeur« wurde der Franc im April 1986 um sage und schreibe 8,2 Prozent und acht Monate später, im Januar 1987, noch einmal um drei Prozent gegenüber der Mark abgewertet. Insbesondere die letzte Wechselkurs-Korrektur empfanden die Franzosen als unverdient. Bereits vier Wochen danach schlug der damalige französische Wirtschafts- und Finanzminister Edouard Balladur eine »Zone mit einer einheitlichen Währung und einer gemeinsamen Zentralbank« vor. Genschers Angebot zwölf Monate später war also Antwort und Zustimmung zugleich.

29. Man hört immer wieder von deutsch-französischen Auseinandersetzungen während der Vorbereitung der Währungsunion.

Es handelt sich um fundamentale Auffassungsunterschiede über die Aufgaben einer Zentralbank und die Rolle der Währung. Die Bonner Unterhändler haben in den Maastrichter Verhandlungen durchgesetzt, daß die Europäische Zentralbank (EZB) ausschließlich der Preisstabilität verpflichtet ist. Steigt der Wechselkurs des Euro wegen hoher Preisstabilität an, so ist dies nach deutscher Auffassung hinzunehmen. Die Franzosen möchten den Wechselkurs dagegen künstlich gedrückt wissen, wenn dies ihrer Ansicht nach dem Export dient und somit Arbeitsplätze sichert. Bei Wechselkurs-Manipulationen jedoch wittert die Bundesbank Inflation.

30. Will die französische Regierung die Unabhängigkeit der EZB unterlaufen?

Das bleibt Ansichtssache. Frankreichs Forderung nach einem »Stabilitätsrat« der Wirtschafts- und Finanzminister, der der EZB an die Seite gestellt werden würde, hat eine gewisse Logik. Bundes-bankpräsident Hans Tietmeyer beispielsweise ermahnt die Teilnehmer am Euro-Bund unentwegt, sich der Haushaltsdisziplin bewußt zu sein, die nötig sei, um eine starke Währung hervorbringen zu können. Bundesfinanzminister Theo Waigel hat mit seinem Stabilitätspakt sogar Obergrenzen für die öffentlichen Defizite durchgesetzt. Frankreich nun empfiehlt einen Stabilitätsrat, um eine noch wesentlich breitere wirtschaftspolitische Abstimmung im Euro-Land zu institutionalisieren. Doch davor schreckt Waigel zurück. Er befürchtet, daß Frankreich Stabilitätsrat sagt und Aufsichtsrat für die EZB meint. In der Tat wird der ehemalige französische Premierminister Alain Juppé mit der Bemerkung zitiert, der Euro sei kein Spielzeug für Zentralbank-Gouverneure. Allerdings hat die Währungsunion kein wirtschaftspolitisch kompetentes Entscheidungsgremium.

Nun wird alles politisiert

Interview mit Juergen B. Donges, Mitglied des Sachverständigenrates

SZ: Ex-Bundeskanzler Schmidt sagt, die Maastricht-Kriterien seien für einen stabilen Euro nicht notwendig. Es gebe bereits ein hohes Maß an Konvergenz in Europa. Teilen Sie diese Meinung?

Donges: Nein, die Kriterien sind ein Fixpunkt für die Glaubwürdigkeit des Euro. Sie sollen den Menschen helfen, Vertrauen in die neue Währung zu gewinnen. Nur dann wird das neue Geld ein gutes Geld. Die Kriterien hätten die Diskussion über die Teilnehmerländer objektivieren können. Doch nun wird alles politisiert und damit verkompliziert.

SZ: Wird eine flexible Handhabung der Kriterien und damit eine schon anfangs größere Teilnehmerzahl der Währungsunion zu einem weichen Euro führen?

Donges: Diese Gefahr ist nicht von der Hand zu weisen. Deshalb sollten bei der letztendlichen Interpretation der Kriterien keine großen Konzessionen gemacht werden – dem Maastrichter Vertrag zufolge ginge dies ohnehin nur bei den fiskalischen Kriterien. Zudem wurden die Ermessensspielräume vereinbart, um Staaten wie Irland den Weg in die Währungsunion nicht zu verbauen. Es war nicht vorgesehen, daß Staaten wie Deutschland, deren Wirtschaft und Finanzen wesentlich bessere Werte zeigten als in den Konvergenzzielen vorgegeben, sich nun hin zu diesen Obergrenzen verschlechtern.

SZ: Könnte eine Verschiebung der Währungsunion die Bedingungen für einen stabilen Euro verbessern?

Donges: Ja, wenn die Zeit dazu genutzt wird, konsequent und verläßlich die Konsolidierung der öffentlichen Haushalte voranzubringen. Ein geregeltes Vertagen der Währungsunion und eine entsprechend glaubhafte Versicherung gegenüber den Märkten wäre wesentlich sinnvoller als ein Vorbeimogeln an den Konvergenzkriterien. Wenn bis Ende 1997 ein späterer Termin als 1999 vereinbart wird, würde das immer noch den Vorgaben des Maastrichter Vertrages entsprechen. Es wäre kein Verschieben auf den Sankt-Nimmerleins-Tag.

SZ: Können und werden die Staaten in der Währungsunion flexibel auf schlechte Zeiten reagieren, oder sind sie darauf angewiesen, daß die Zusammenarbeit auf europäischer Ebene funktioniert?

Donges: Die Finanzpolitik bleibt auch nach Bildung der Währungsunion im Prinzip national. Der in Dublin verabredete Stabilitätspakt schränkt die Souveränität nicht übermäßig ein. Die einzelnen Länder sollten bestrebt sein, das Haushaltsdefizit in konjunkturell normalen Zeiten möglichst niedrig, auf jeden Fall unterhalb der drei Prozent zu halten. Dann bestünde Spielraum, bei einer Rezession finanzpolitisch gegenzuhalten.

SZ: Wie weit wird die Unabhängigkeit der EZB gehen? Wird sie diese und damit ihren Stabilitätsauftrag in allen Bereichen verteidigen können?

Donges: Der Maastricht-Vertrag sieht eine sehr starke Unabhängigkeit vor. Dies müssen die Regierungen respektieren. Ich halte nichts von den französischen Vorstellungen, der EZB ein politisches Gremium in Form eines Stabilitätsrates gegenüberzustellen. Wir brauchen kein zusätzliches Gremium auf europäischer Ebene. Es gibt bereits genügend Zusammenarbeit in wirtschaftspolitischen Angelegenheiten im Ministerrat. Eine Sozialunion wäre ebenfalls nicht gut. Sie würde nur dazu führen, daß in die ärmeren Staaten immense Transferleistungen fließen müßten – von uns bezahlt.

SZ: Wissen Sie, wie das Paradoxon aufgelöst werden kann, daß der Euro nur hart wird, wenn die Menschen ihm vertrauen – doch je länger sie darüber nachdenken, desto mißtrauischer werden sie?

Donges: Die Vorbehalte lassen sich am ehesten beseitigen, wenn bis zur Entscheidung über die Währungsunion die Konvergenzanstrengungen fortgesetzt werden. Nach Beginn der Währungsunion liegt vieles bei der EZB. Sichert sie erfolgreich die Preisniveaustabilität, wird das Mißtrauen schwinden – hoffentlich.

(Interview: Claudia Specht, 17. März 1997)

Von Gulden, Kronen und »Champagnertalern«

Der Euro in historischer Perspektive

Von Johannes Willms

Die geplante Einführung des Euro läßt sich als die folgerichtige Fortsetzung einer europäischen Währungspolitik verstehen, deren Anfänge am Ende der Napoleonischen Kriege in der zweiten Dekade des 19. Jahrhunderts liegen. Die zunehmende wirtschaftliche Verflechtung, der Aufschwung des Welthandels, Industrialisierung und Liberalisierung sind dafür die Stichworte. Aber erst die Einführung des Goldstandards für die Mark nach der Gründung des Deutschen Reichs von 1871 gab den Anstoß für eine Vereinheitlichung der europäischen Währungen, die bis zum Ausbruch des Ersten Weltkriegs Bestand hatte.

Nach Napoleons Niederlage in Waterloo avancierte das englische Pfund Sterling zur europäischen Leitwährung. Darin spiegelte sich die Führungsrolle Großbritanniens im Welthandel wider, die es seiner im Vergleich zum Kontinent erheblich fortgeschrittenen industriellen Produktion und seiner überragenden Stellung im Kolonialwarenhandel verdankte. Diese Stellung der britischen Wirtschaft zeigte sich am 22. Juni 1816 in einem Gesetz, mit dem für das Pfund der Goldstandard eingeführt wurde; Scheidemünzen aus Silber, also das Münzgeld in kleinen Nominalen, das wegen seiner starken Abnutzung und vergleichsweise höheren Prägekosten einen größeren Wert auswies, als ihm nach dem Silbergehalt zukam, wurde jeweils nur bis zu einem Betrag von zwei Einheiten in Goldwährung umgetauscht. 1821 wurde auch die Konvertibilität des Notengelds der Bank of England in Goldstücken festgesetzt.

England war damit bis in die 70er Jahre des 19. Jahrhunderts das einzige europäische Land, das eine reine Goldwährung hatte, während Frankreich seit der Napoleonischen Münzreform im Jahre 1803 eine Doppelwährung aus Gold und Silber besaß. Auf der Basis der überkommenen Gold-Silber-Relation von 1:15,5 entsprachen einem Franc 0,29 g Feingold oder 4,5 g Feinsilber. Französische Goldkurantmünzen waren das 20-Franc-Stück, der sogenannte Napoléon, sowie das 40-Franc-Stück. Dieses bimetallische Währungssystem wurde dann auch von Belgien, der Schweiz und Italien übernommen, da sie in einem besonders regen Handelsaustausch mit Frankreich standen und sich 1865 zur »Lateinischen Münzunion« zusammenschlossen. Wesentlich verworrener und verwirrender war die Währungssituation in den Mitgliedsstaaten des Deutschen Bundes. Zwar war die Zahl der je souveränen »Münzstände« nach dem Zusammenbruch des alten Reichs 1806 von über 100 auf 38 geschrumpft, aber das änderte nichts daran, daß auch weiterhin unterschiedliche Silbermünzen nach einem untereinander stark abweichenden Münzfuß geprägt wurden. Jeweils bezogen auf die »Kölnische« oder »Wiener Mark« (= 240 g) Feinsilber hatte die norddeutsche Führungsmacht Preußen einen 14-Taler-Fuß. Aus einer »Kölnischen Mark« Feinsilber wurden 14 Taler geschlagen.

Mit dem Dresdner Münzvertrag von 1838 vereinbarten die Mitglieder des Deutschen Zollvereins die Schaffung eines nord- und süddeutschen Währungsgebiets; in ersterem galt der 14-Taler-Fuß, in letzterem der 24½-Gulden-Fuß. Außerdem wurde eine einheitliche Zollvereinsmünze geschaffen, der »Champagnertaler«, dessen Nominalwert 2 Talern oder 3½ Gulden, dem damaligen Preis einer Flasche Champagner, entsprach.

Einen weiteren Fortschritt zur Währungsangleichung innerhalb des Deutschen Bundes brachte der am 24. Januar 1857 in Wien abgeschlossene Handelsvertrag zwischen Österreich und dem Deutschen Zollverein. Mit diesem Vertrag wurde das »Zollpfund« zu 500 g als Münzgrundgewicht statt der »Kölnischen Mark« eingeführt. Fast alle norddeutschen Staaten prägten seitdem nach dem 30-Taler-Fuß, die süddeutschen Staaten nach dem 52½-Gulden-Fuß und Österreich nach dem 45-Gulden-Fuß. Außerdem wurde als einheitliche Münz- und Recheneinheit der »Vereinstaler« geschaffen, der 1¾ Gulden süddeutscher und 2 Gulden österreichischer Währung entsprach. Mit der Reichsgründung von 1871 ging auch Deutschland nach dem Vorbild Großbritanniens mit dem Münzgesetz vom 4. Dezember zur Goldwährung über. Voraussetzung dafür war nicht nur der kontinuierliche Verfall der Silberpreise nach 1860, es waren auch die französischen Reparationszahlungen, die sich auf insgesamt fünf Milliarden Franc (der Begriff Milliarde fand damals zum ersten Mal Eingang in den deutschen Wortschatz) beliefen. Aber erst mit der Münzreform vom 9. Juli 1873 wurden die neuen Reichsmünzen sowie die von da an gültige Währungsbezeichnung Mark, die sich nach dem Dezimalsystem (1 Mark = 100 Pfennige) rechnete, als Zahlungsmittel ausgegeben. Die alten Landeswährungen wurden zwar mit Wirkung des 1. Januar 1876 abgeschafft, blieben aber dennoch bis 1907 gültig.

Das deutsche Beispiel machte rasch Schule: Auch die Niederlande und die skandinavischen Länder führten den Goldstandard ein. 1875 schlossen sich Dänemark, Schweden und Norwegen zur Skandinavischen Münzunion zusammen. Dies verstärkte den Druck auf die Lateinische Münzunion erheblich, zumal deren Mitglieder mit ihrer bimetallischen Währung nach wie vor an einem Gold-Silber-Standard von 1:15,5 festhielten, während diese Relation auf dem Weltmarkt längst bei 1:17 und 1:18 angelangt war. Die Folge war ein massiver Silberabfluß aus den lateinischen Ländern, der sie schließlich dazu zwang, in den 80er Jahren ebenfalls den Goldstandard zu übernehmen.

Der damit in den meisten europäischen Ländern gültige Goldstandard beschränkte sich aber mit zwei Ausnahmen auf eine Goldkernwährung. Die umlaufenden Banknoten wurden nominell durch den Goldbestand der Notenbanken gedeckt. Damit war eine Einlösepflicht verbunden, die aber nicht in Gold erfolgen mußte. Den Luxus von goldenen Kurantmünzen leisteten sich nur Frankreich und das Deutsche Reich (10-Mark- und 20-Mark-Stück). Bis 1914 sicherte der europäische Goldstandard eine seitdem nie wieder erreichte Währungs- und Wechselkursstabilität. Ihren Hauptgrund fand sie in dem geradezu magischen Glauben an die krisensichere Konvertibilität von Geld in Gold.

Zeichnung: Pepsch Gottscheber

Rechtliche Probleme

Das Oberste Gericht wacht über den Euro

Eine weiche Währung wäre verfassungswidrig

Die Fragen 31 bis 35

Von Helmut Kerscher

31. Können Bundestag und Bundesrat den Euro stoppen?

In der laufenden Diskussion wird oft unterschätzt, daß Bundestag und Bundesrat vor Einführung des Euro noch ein Wörtchen mitzureden haben. Im Sachverhalt des Maastricht-Urteils sind die verfahrensmäßigen Vorbehalte der Gesetzgebungsorgane akribisch festgehalten. So änderte der Bundestag zwar wegen Maastricht im Dezember 1992 das Grundgesetz und verabschiedete das Zustimmungsgesetz zum Unionsvertrag. Doch gleichzeitig faßte das Parlament eine Entschließung, in der es heißt, der Übergang zur dritten Stufe der Wirtschafts- und Währungsunion erfordere auch eine Bewertung durch den Deutschen Bundestag.

Die Bundesregierung bedürfe demgemäß für ihr Stimmverhalten bei Beschlüssen des EU-Ministerrates nach Artikel 109j, Absatz 3 und 4, des Maastrichter Vertrages des zustimmenden Votums des Bundestags. In einer ähnlichen Entschließung bestand auch der Bundesrat darauf, vor der dritten Stufe noch einmal abzustimmen.

Die Bundesregierung garantiert, daß sie beide Abstimmungen respektieren werde, und sie hat dies auch den EU-Partnern mitgeteilt. Die Zusicherung geht aus dem Schreiben von Bundesfinanzminister Theo Waigel an die Vorsitzende des Europaausschusses des Bundestags, Renate Hellwig, vom 2. April 1993 hervor. Allerdings bedeutet das nicht, daß sich die Bundesregierung die Haltung der Verfassungsrichter zu eigen macht. Für sie bleibt die Rechtsposition der EU maßgebend.

Insbesondere der Vorbehalt des Bundestags könnte sich als juristisch folgenreich erweisen. Sollte das deutsche Parlament im Herbst '97 noch einen Euro-Beschluß fällen, wird das nämlich aller Voraussicht nach den Klageweg zum Bundesverfassungsgericht ebnen. Denkbar wären sowohl Organklagen von unterlegenen Abgeordneten oder Fraktionen als auch Verfassungsbeschwerden von Bürgern gegen diesen Beschluß. Im Maastricht-Urteil erklärte Karlsruhe die Verfassungsbeschwerde des vormaligen FDP-Politikers Manfred Brunner gegen das Zustimmungsgesetz mit aufwendiger Begründung immerhin für zulässig. Wenn auch ein Euro-Votum des Bundestags kein förmliches Gesetz wäre, so könnte doch eine dagegen gerichtete Klage wiederum für zulässig erklärt werden – jedenfalls von einem zur Kontrolle des Integrationsprozesses entschlossenen Gericht. Eine Beschwerdebefugnis müßte aus einer »möglichen« Verletzung des Grundgesetzes abgeleitet werden.

33. Welche Grundrechte könnten verletzt sein?

Im Maastricht-Urteil stützte sich das Bundesverfassungsgericht weitgehend auf eine mögliche Verletzung des Wahlrechts (Artikel 38 des Grundgesetzes). Dieses Recht gewährleiste die Teilnahme an den Wahlen und die Mitwirkung an der Legitimation der Staatsgewalt. Es dürfe nicht durch die Verlagerung von Aufgaben und Befugnissen des Bundestags »entleert« werden. Bei einer Euro-Klage könnte sich das Gericht erneut Gedanken über das Demokratieprinzip des Grundgesetzes und über das Demokratiedefizit der Europäischen Union machen.

Auf jeden Falle könnten Verfassungsbeschwerden durch das »Auffanggrundrecht« der allgemeinen Handlungsfreiheit gestützt und mit Verletzung des Gleichheitssatzes begründet werden – letzteres, weil eine etwaige Geldentwertung das Immobilienvermögen gegenüber sonstigem Vermögen privilegieren würde. Nicht aussichtslos erschiene auch die Argumentation, der Euro verletze Bürger in ihren Grundrechten auf Eigentum (Artikel 14) und Berufsfreiheit (Artikel 12). Im Maastricht-Urteil heißt es allerdings, diese Grundrechte schützten nicht vor einer Ersetzung der D-Mark durch die Ecu. Das Gericht verweist schlicht auf den neuen Artikel 88 des Grundgesetzes, wonach die Aufgaben der Deutschen Bundesbank einer unabhängigen Europäischen Zentralbank übertragen werden dürfen. Damit sei die Entwicklung der Währungsunion verfassungsrechtlich anerkannt. Damit ist aber nicht gesagt, daß das Gericht diesem prinzipiellen Ja auch ein Ja zum Euro in seiner konkreten Form folgen läßt.

34. Könnte das Verfassungsgericht selbst den Euro stoppen?

Die Karlsruher Richter haben im Maastricht-Urteil mehrmals warnend den Zeigefinger gehoben. Keinesfalls habe sich die Bundesrepublik mit der Ratifikation des Maastricht-Vertrages »einem unüberschaubaren, in seinem Selbstlauf nicht mehr steuerbaren Automatismus zu einer Währungsunion« unterworfen. Das deutsche Zustimmungsgesetz beziehe sich nur auf die Konzeption der Währungsunion als Stabilitätsgemeinschaft. Und schließlich installierte der Zweite Senat eine lebensgefährliche Mine für den Euro: »Sollte die Währungsunion die bei Eintritt in die dritte Stufe vorgesehene Stabilität nicht kontinuierlich im Sinne des vereinbarten Stabilisierungsauftrages fortentwickeln können, so würde sie die vertragliche Konzeption verlassen.« Und dann? Euro-Explosion bei Verlassen des gesicherten Terrains? In der Tat könnte das Bundesverfassungsgericht den Euro stoppen – wenn es die Konvergenzkriterien nach dem Maßstab des Grundgesetzes über die Europäische Union (Artikel 23) für nicht erfüllt hält.

35. Kommt es zum Krach mit Brüssel und dem Europäischen Gerichtshof?

Ein Euro-Stop durch Karlsruhe ist möglich, aber derzeit wenig wahrscheinlich. Der Zweite Senat müßte sich europaweit massive Kritik wegen Verletzung des Gebots richterlicher Zurückhaltung (»judicial self-restraint«) gefallen lassen. Und er würde den seit dem Maastricht-Urteil schwelenden Kompetenzkonflikt mit dem Gerichtshof der Europäischen Gemeinschaft in Luxemburg (EuGH) zum Lodern bringen. Denn vermutlich würde die EU-Kommission beim Gerichtshof sofort ein Vertragsverletzungsverfahren gegen die Bundesrepublik einleiten. Am Ende könnte das höchste EU-Gericht gegen das höchste deutsche Gericht stehen – ein Showdown mit unabsehbaren Folgen für die Gemeinschaft, die ja nicht zuletzt eine Rechtsgemeinschaft ist.

Der Konflikt ließe sich allerdings entschärfen, wenn Karlsruhe in einem Euro-Verfahren entscheidungserhebliche Fragen vorab den Kollegen vom EuGH vorlegen würde. Spätestens seit einem in angenehmer Atmosphäre verlaufenen Besuch des Bundesverfassungsgerichts in Luxemburg vor einigen Wochen scheint auch eine solche gemeinsame Lösung möglich zu sein.

Haushaltssünder

Sanktionen gegen Haushaltssünder

Theo Waigels Stabilitätspakt soll Vertrauen in den Euro schaffen

Die Fragen 36 bis 40

Von Andreas Oldag

36. Der Maastrichter Vertrag regelt die Einführung des Euro. Warum muß es unbedingt einen Stabilitätspakt geben?

Der Maastrichter Vertrag beschreibt minutiös, welche Bedingungen die Kandidaten für die Europäische Währungsunion zu erfüllen haben. Er ist jedoch weniger konkret, wenn es um die Zeit nach dem Start der Währungsunion am 1. Januar 1999 geht. Diese Lücke wurde bereits frühzeitig im Bundesfinanzministerium erkannt. Die Beamten des Bonner Ressortchefs Theo Waigel arbeiteten deshalb vor gut zweieinhalb Jahren an ersten Vorschlägen für einen Stabilitätspakt. Der Pakt soll dazu beitragen, die Haushaltsdisziplin auf Dauer zu sichern. Der Euro-Club soll sich an verbindliche Regelungen halten, um zu verhindern, daß der budgetpolitische Schlendrian nach dem Start des Euro zurückkehrt. Nach intensiven und kontroversen Diskussionen einigten sich die EU-Finanzminister auf dem Dubliner EU-Gipfeltreffen im Dezember vergangenen Jahres auf den Stabilitätspakt. Vor allem Frankreich hatte zunächst erhebliche Bedenken gegen den Waigel-Plan.

37. Wie funktioniert der Stabilitätspakt?

Der Pakt ist im Grunde genommen eine Konkretisierung des Artikels 104c des Maastrichter Vertrags über die »Überwachung der Haushaltslage in den Mitgliedsstaaten«. Nach Artikel 104c, Absatz 11, kann der Rat von Euro-Teilnehmern mit einem übermäßigen Haushaltsdefizit verlangen, eine unverzinsliche Einlage bei der Gemeinschaft zu hinterlegen und Geldbußen zu zahlen. Das Verfahren ist allerdings so umständlich, daß es in der Praxis bis zu vier Jahre gedauert hätte, bis diese Sanktionen greifen. Hier setzt der Stabilitätspakt an. Er verkürzt das Verfahren auf gut ein Jahr bis zur Einleitung von Sanktionen und verstärkt gleichzeitig die Überwachung und Kontrolle der Budgetpolitik durch Rat und Kommission.

Die Mitglieder des Euro-Bundes müssen Stabilitätsprogramme vorlegen. Sie verpflichten sich, einen nahezu ausgeglichenen Haushalt vorzulegen oder sogar einen Etat mit Überschüssen. Hat sich dagegen ein übermäßiges Haushaltsdefizit ergeben – mehr als drei Prozent des Bruttoinlandsprodukts –, muß der Rat dies zunächst förmlich durch einen Beschluß feststellen, um dann dem Sünder bestimmte Fristen setzen zu können, in denen er seine Finanzen in Ordnung bringen muß. Legt der Übeltäter keinen befriedigenden Sanierungsplan vor, entscheiden die Euro-Teilnehmer mit Zweidrittel-Mehrheit und ohne Stimmrecht des Delinquenten über Sanktionen. Das betreffende Land muß dann eine unverzinsliche Einlage bei der künftigen Europäischen Zentralbank (EZB) in Höhe von mindestens 0,2 Prozent des Bruttoinlandsprodukts, aber höchstens einen Betrag von 0,5 Prozent des BIP hinterlegen. Gelingt es dem Haushaltssünder nicht, sein Defizit im Laufe von zwei Jahren zu korrigieren, wird die Einlage in eine Buße umgewandelt.

38. Was bedeutet die von Finanzminister Waigel immer wieder geforderte »Quasi-Automatik« der Sanktionen?

Um diesen Begriff gab es bei den Debatten um den Stabilitätspakt erheblichen Streit. Vor allem Franzosen, Spanier und Italiener stemmten sich gegen einen automatischen Sanktionsmechanismus. Die Deutschen waren mit einer Maximalposition in die Verhandlungen gegangen, die zunächst eine sehr strikte Verhängung von Strafen vorsah: Wer sündigt, zahlt sofort. Nun also gibt es keinen fallbeilartigen Automatismus. Der Stabilitätspakt ist ein politischer Kompromiß, in dem aber durchaus die deutsche Handschrift zu erkennen ist.

Ein Haushaltssünder kann sich künftig auf mildernde Umstände berufen: Er darf die Drei-Prozent-Defizitgrenze überschreiten, wenn ein Ereignis vorliegt, das sich seinem unmittelbaren Einflußbereich entzieht. Das ist zum Beispiel der Fall bei Naturkatastrophen oder aber auch bei einer schweren Rezession. Die EU-Finanzminister haben sich darauf geeinigt, daß ein solch gravierender Konjunktureinbruch durch einen Rückgang des Bruttoinlandsprodukts um mindestens zwei Prozent im Jahresdurchschnitt gekennzeichnet sein muß. Statistisch gesehen gab es seit 1960 in Europa gerade ein rundes Dutzend dieser schweren Rezessionen. Wenn der Wachstumseinbruch nicht so stark ausfällt, wird es für das betreffende Land schwieriger, sich herauszureden. Es muß dann besondere Gründe darlegen, etwa die Plötzlichkeit der Rezession oder die vergleichsweise hohen Produktionseinbußen. Im Falle einer leichten Rezession – BIP-Rückgang höchstens 0,75 Prozent – sollen sich die Mitgliedsstaaten überhaupt nicht auf die Ausnahmeregelung berufen dürfen.

39. Garantiert der Stabilitätspakt einen starken Euro?

Gewiß trägt der Pakt dazu bei, das Vertrauen der Finanzmärkte, aber auch der Öffentlichkeit in den Euro zu stärken. Er übernimmt somit auch eine wichtige psychologische Funktion. Es soll klarwerden, daß die Euro-Länder nicht zu einer exzessiven Schuldenwirtschaft zurückkehren. Die Geldwertstabilität des Euro hängt freilich auch von anderen Faktoren ab, beispielsweise von der Unabhängigkeit der Europäischen Zentralbank. Ob der Stabilitätspakt freilich in der Praxis so funktioniert, wie sich die Erfinder das Projekt vorgestellt haben, steht auf einem anderen Blatt. Der Sanktionsmechanismus ist trotz der Vereinfachung gegenüber dem Maastrichter Vertrag immer noch an ein kompliziertes Verfahren gebunden. Sanktionen ohne einen förmlichen Ratsbeschluß wird es nicht geben. Allerdings wäre es wohl auch kaum sinnvoll, eine vollständige Automatik zu verankern: Ihr würde es an Glaubwürdigkeit fehlen. Ziel des Paktes ist es, die Mitgliedsstaaten von vornherein von übermäßigen Defiziten abzuschrecken. Denn die Strafgelder belaufen sich im »Ernstfall« auf Milliardenbeträge und können für die Haushaltssünder durchaus schmerzhaft sein. Selbst die Bundesrepublik müßte derzeit Bußen von mehr als fünf Milliarden zahlen.

40. Welche rechtliche Verbindlichkeit hat der Pakt, und wann tritt er in Kraft?

Die Gipfelkonferenz der EU hat den Stabilitätspakt am 16. Juni 1997 in Amsterdam in der Rechtsform einer Entschließung formell verabschiedet. Diese Entschließung stellt eine Selbstverpflichtung der Partnerstaaten dar, das gegenseitige Versprechen, in der Währungsunion übermäßige öffentliche Defizite zu vermeiden. Bestandteil der Entschließung sind zwei in den Partnerstaaten unmittelbar rechtswirksame Verordnungen über die verstärkte Überwachung der öffentlichen Haushalte durch die EU sowie über das Verfahren, das zu Sanktionen gegen Länder führen kann, die wiederholt oder gar dauerhaft gegen die verordnete Haushaltsdisziplin verstoßen.

Damit er innenpolitisch besser durchgesetzt werden kann, hat der Stabilitätspakt bereits auf der vorherigen Gipfelkonferenz im Dezember 1996 in Dublin den Namen »Stabilitäts- und Wachstumspakt« erhalten. In Amsterdam nun ist ihm auf Verlangen Frankreichs eine zweite Entschließung über »Wachstum und Beschäftigung« beigefügt worden, die den Pakt inhaltlich zwar nicht verändert, sein Ziel der soliden öffentlichen Haushalte jedoch relativiert. Die Mehrheit der EU-Staaten möchte mit dieser zweiten Entschließung dokumentieren, daß sich die Gemeinschaft nicht nur um Haushaltsdisziplin in ihren Mitgliedsstaaten bemüht, sondern sich auch dem Kampf gegen die Arbeitslosigkeit widmen soll.

Der Stabilitäts- und Wachstumspakt ist für die Mitgliedsländer der Währungsunion bestimmt. Er tritt also in Kraft, wenn sie beginnt, planmäßig am 1. Januar 1999.

Der Standort gewinnt

Interview mit Daimler-Benz-Vorstand Manfred Gentz

SZ: Die D-Mark bietet den Vorteil einer internationalen Anlagewährung, deren Stärke niedrige Zinsen erlaubt und in der 80 Prozent des Exports fakturiert werden. Warum gibt die deutsche Exportwirtschaft diesen Wettbewerbsvorteil so bereitwillig zugunsten des Euro weg?

Gentz: Ich teile nicht die Befürchtung, der Euro würde eine schwache Währung. Die in Dublin getroffenen Vereinbarungen zeigen die Bereitschaft der europäischen Regierungen, den Euro auch langfristig zu einer stabilen Währung werden zu lassen. Der Standort Europa wird mit einer gemeinsamen Währung mehr Sach- und Finanzkapital anziehen können als bisher. Das europäische Zinsniveau wird sich verringern, und der Fakturierungsraum des Euro wird deutlich größer sein als der der D-Mark.

SZ: Daimler-Benz argumentiert, wie andere Großunternehmen auch, die Exportwirtschaft leide unter stetigem Aufwertungsdruck der D-Mark. Dieses Argument läßt die Bundesbank nicht gelten.

Gentz: Entscheidend sind für Unternehmen die unberechenbaren Wechselkursausschläge, die in Europa häufig spekulativ bedingt waren und die realwirtschaftlichen Gegebenheiten nicht widerspiegeln. Da sich in einer Währungsunion die Chancen für den Export in die beteiligten Länder nicht mehr mit dem Wechselkurs verbessern lassen, kommt es mehr als zuvor auf den Produktivitäts- und Lohnstückkosten-Vorsprung an.

SZ: Beschleunigt die Währungsunion den Abbau von Arbeitsplätzen?

Gentz: Deshalb wird ein wichtiger Effekt der Währungsunion (EWU) sein, daß zukünftig hart erarbeitete Produktivitätszuwächse nicht mehr durch eine Währungsaufwertung gegenüber anderen europäischen Standorten aufgezehrt werden und dadurch Arbeitsplätze bedrohen. Ich möchte nur an das Frühjahr 1995 erinnern, als die massive DM-Aufwertung unsere Effizienzsteigerungen quasi über Nacht entwertet hat.

SZ: Die EWU verbessert die Investitionsbedingungen in den ehemaligen Schwachwährungsländern. Schadet sie damit nicht dem Standort Deutschland?

Gentz: Für mich gehören der Standort Deutschland und der Standort Europa zu den klaren Gewinnern der EWU. Durch sinkende Zinsen, ein stabiles Preisniveau, den Wegfall von Transaktionskosten und Währungsrisiken und eine stabilitätsorientierte Fiskalpolitik werden die Rahmenbedingungen für Investitionen und damit zukünftige Arbeitsplätze europaweit verbessert.

SZ: Ein Binnenmarkt mit einer gemeinsamen Währung stärkt den Wettbewerb. Die Erfahrung lehrt aber, daß einige Länder diesen reglementieren möchten. Fördert die EWU den europäischen protektionistischen Interventionsstaat?

Gentz: Überhaupt nicht. Ich bin vielmehr der Auffassung, daß durch die Einführung einer gemeinsamen Währung eine erhöhte Kosten- und Preistransparenz geschaffen wird, die dazu führt, daß der Wettbewerb zwar härter, aber auch fairer wird. Die Fortsetzung der europäischen Integration ist für mich Garant dafür, daß Europa nicht in nationalstaatliche Egoismen zurückfällt. Die EWU ist die logische Vollendung des gemeinsamen europäischen Binnenmarktes.

SZ: Die Autoindustrie exportiert relativ mehr als andere Wirtschaftszweige in die Schwachwährungsländer Italien und Spanien. Ist Ihnen mit einer kleinen Währungsunion überhaupt gedient?

Gentz: Unterschätzen Sie nicht die immensen Anstrengungen, die diese Länder unternehmen, um die Maastricht-Kriterien zu erfüllen. Aber bereits eine Währungsunion mit etwa sechs Ländern würde das heimische Währungsgebiet für Daimler-Benz um fast 50 Prozent vergrößern. Damit hätten wir unmittelbare Einsparungen an Transaktionskosten. Es gäbe beim Export in EWU-Länder keine Währungsunterschiede zwischen Kosten- und Erlösströmen mehr. Im übrigen wird durch den Start einer »kleinen« Währungsunion den anderen EU-Ländern ein späterer Eintritt nicht verbaut.

(Interview: Winfried Münster, 19. März 1997)

Preise und Löhne

Krumme Zahlen zu befürchten

Der Euro verspricht Gewinn, aber nicht auf dem Lohnzettel

Die Fragen 41 bis 45

Von Winfried Münster

41. Der Streitwert ist auf 500 000 DM festgesetzt. Der Euro ist 1,937 DM wert. Beträgt der Streitwert nun 258 131,13 Euro?

Dies ist die Frage nach der Umrechnung in der Währungsunion. Jedermann merkt zunächst einmal am Zwang zum Umrechnen, daß er Bürger von Euro-Land geworden ist. Die Frage erweist sich als tückisch, wenn beantwortet werden soll, wie sich der Euro ins Alltagsleben einführen wird. Die Vertragsväter von Maastricht ha-ben zwar bestimmt, daß Verträge nicht umgeschrieben werden müssen. Alle DM-Beträge gelten als identisch mit den zum gültigen Umrechnungskurs ermittelten Euro-Werten. Viele Verträge, angefangen von der Kapitaleinlage zur Beteiligung an einem Unternehmen bis zur Vertragsstrafe, bedingen aber runde Summen. Über solche Verträge muß bis spätestens Ende 2001, wenn die dreijährige Übergangsfrist abläuft, noch einmal nachgedacht werden.

Dem Kaufmann steht sowieso viel Arbeit bevor. Er weiß beispielsweise, daß ein Preis von runden 15 DM für das Paar Socken zu hoch erscheinen würde. Also beziffert er sein Preisschild mit 14,90 DM. Soll er nun in Euro-Land einfach mit dem Taschenrechner über seine Preislisten fahren und die Socken mit 7,55 Euro auszeichnen? Nein, er spekuliert auf einträgliche 7,90 Euro. Ein Zusatzentgelt für die widrigen Zeiten.

Aus Furcht davor, daß die Partner im Euro-Club noch einmal schnell abwerten, bevor die Wechselkurse ihrer alten Währungen endgültig festgeschrieben werden, haben die Vertragsväter festgelegt, daß der Euro-Wert jeder Währung ihrem aktuellen Ecu-Wechselkurs zu entsprechen habe. Dieser Kurs aber ist krumm. Auf- und abzurunden käme einer Ab- und Aufwertung gleich, und das ist verboten.

42. Wie werden die Banken mit ihren Kunden am Schalter umgehen?

Zuvorkommend. Die Banken möchten ihre Kunden nicht am Ende der dreijährigen Übergangszeit vor vollendete Tatsachen stellen und sie mit auf Euro umgestellten Konten sozusagen vergewaltigen. Also bemüht sich die Kreditwirtschaft, ihrem Publikumsverkehr den Übergang so angenehm wie möglich zu machen und ihn vor allem dazu anzuregen, schnell seinen bargeldlosen Zahlungsverkehr auf die neue Währung umzustellen. Die Bayerische Vereinsbank wird nach Auskunft ihres Chef-Ökonomen Martin Hüfner sofort, also schon vom 2. Januar 1999 an, Kontoführung und Überweisung in Euro anbieten. Möglicherweise werde damit begonnen, nicht jeden Posten, sondern nur die Salden umzurechnen. Der Kontoauszug enthielte dann zwei Salden, je einen in DM und Euro. Die Banken versprechen ferner, keinen neuen Formular-Krieg anzuzetteln. Es genüge auch in Zukunft ein einziges Überweisungsheft. Die Überweisung in D-Mark oder Euro steht in der Übergangszeit im Belieben des Kunden. Und da nichts mehr Sympathie weckt als ein niedriger Preis, erwägen die Banken, Euro-Lockgebühren einzuführen, obwohl sie der Doppelwährungs-Betrieb viel Geld kosten wird. Die Kontoführungsgebühren für Euro würden mithin unter denen der DM-Konten gehalten.

43. Vor welchen Problemen steht die Industrie?

Die Unternehmen fürchten den Industrie- und Handelskammern zufolge, in der Übergangszeit eine doppelte Währungs-Buchhaltung aufziehen zu müssen. Das ginge mächtig in die Kosten. Ferner regt sich schon jetzt Widerstand gegen eine doppelte Preisauszeichnung. Die Alternative läge womöglich darin, die Preise abwechselnd in Mark und Euro zu nennen. Die großen Unternehmen sind an möglichst zügiger Umstellung interessiert, und sie werden so wohl auch die Zulieferer rasch in den Euro hineinzwingen. Die multinationalen Konzerne möchten auch die Lohnkonten so schnell wie möglich in Euro führen.

In den Rechnungswesen bereitet Vater Staat Unbehagen. Die Buchhalter könnten gezwungen sein, Aktiva und Passiva in den Bilanzen neu zu bewerten und Rechnungen, die auf Wunsch der Kunden in Euro ausgestellt werden, für das Finanzamt noch einmal in D-Mark ausfertigen zu müssen. Die Industrie leidet unter einer Ironie der Währungsunion. Derselbe Staat, der seinen Bürgern den Euro aufpfropft, hat nun seinerseits die größten Schwierigkeiten, mit ihm zurechtzukommen. Im Zweifel hält sich das Finanzamt die neue Währung bis zum letztmöglichen Tag vom Leib. Es würde dann bis zum Schluß verlangen, Steuerbilanzen und Steuererklärungen in DM einzureichen, die Veranlagung und den gesamten Zahlungsverkehr mit der Finanzverwaltung in Mark abzuwickeln. Aber noch ist nichts entschieden.

44. Warum setzt die Industrie solch große Hoffnungen in den Euro?

Weil sie dank des größeren Währungsraumes auf größere Wachstumschancen hofft. Die überstarke D-Mark bremst nach Meinung der Chefvolkswirte in Big Business das Wirtschaftswachstum. »Durch den Euro wird die Situation für Deutschland auf lange Sicht besser«, behauptet die Forschungsabteilung der Deutschen Bank. Die Bayerische Vereinsbank hatte schon Ende 1995 ein Rechenwerk präsentiert, aus dem hervorgeht, daß die deutsche Wirtschaft gerade jetzt, also durch die Vorbereitung auf den Euro, Verluste erleide, und zwar in Höhe von real 20 Milliarden DM bis zum Jahre 1998. Diese Verluste ergeben sich aus der Differenz zwischen dem tatsächlichen Wirtschaftswachstum und dem, das sich nach Meinung der Bank eingestellt hätte, wenn es das Projekt der Währungsunion mit seinem Zwang zur Haushaltsdisziplin nicht gäbe. Der Euro-Bund selbst werde dem Wirtschaftswachstum aber einen enormen Schub geben, so die Münchener Großbank. Es veranschlagt für die ersten zehn Jahre Euro einen Nettogewinn von 70 Milliarden DM. Exemplarisch für die Geschäftserwartungen im Herrschaftsgebiet des Euro ist die Autoindustrie. Bei der Entscheidung über den Bau neuer Fabriken, schreibt die Deutsche Bank Research, steige die Attraktivität des Standortes Deutschland in dem Maße, in dem Nachzügler-Länder wie Italien und Spanien der Währungsunion beitreten. Denn dann verlieren diese Länder ihre schwache Währung, die sie in der Vergangenheit immer wieder abgewertet haben, um sich zeitweilige Kosten- und somit Wettbewerbsvorteile zu verschaffen.

45. Dann steigen vielleicht auch die Löhne und Gehälter wieder schneller?

Nein. Es werden mit stabilem Euro mehr neue Arbeitsplätze geschaffen als ohne. Auf den Lohnzetteln aber findet keine Bonanza mehr statt, im Gegenteil. Die Währungsunion verschärft den Wettbewerb. Wettbewerb drückt die Preise. Der Lohn ist auch ein Preis. In seiner Eigenschaft als Preis gewinnt der Lohn in der Währungsunion noch zusätzliches Gewicht, da der Wechselkurs, also die Möglichkeit abzuwerten und die eigenen Güter auf diese Weise zu verbilligen, wegfällt. Die Arbeitgeber nutzen heute schon die Währungsunion als Argument, um den Gewerkschaften zu erklären, daß die mageren Jahre der Lohnzurückhaltung begonnen hätten, und insbesondere die Zeiten der verteilungsorientierten Lohnpolitik, einer Politik also, durch die minderwertige Arbeit aus sozialen Gründen hoch bezahlt wird, vorbei seien.

Indes müsse das kein Unglück sein, meint das industrienahe Institut der deutschen Wirtschaft in Köln, denn zurückhaltende Lohnpolitik bedeute nicht Einkommensverzicht, jedenfalls nicht für die Arbeitnehmer insgesamt. In den Jahren 1982 bis 1990 sei die Lohnquote, der Anteil der Löhne und Gehälter am Volkseinkommen, stark gesunken. Der Reallohn, die Kaufkraft in Arbeitnehmerhand, habe trotzdem stark zugenommen, die Zahl der Arbeitsplätze auch.

Die Zinsen werden steigen

Interview mit der Wissenschaftlerin Renate Ohr

SZ: Wäre es Ihrer Ansicht nach sinnvoller, vor der Währungsunion die Politische Union umzusetzen?

Ohr: Es ist in der Vergangenheit noch nie gelungen, dauerhaft eine Einheitswährung für eine Gruppe von Ländern zu etablieren, die ihre nationale Souveränität behalten haben. Eine funktionierende gemeinsame Währung erfordert zuvor oder zugleich eine politische Einheit.

SZ: Ist eine sozio-ökonomische Angleichung in der EU eine Voraussetzung für eine erfolgreiche Währungsunion?

Ohr: Eine gemeinsame Währung kann funktionieren, auch wenn noch größere sozio-ökonomische Unterschiede bestehen. Vor allem für die schwächeren Länder werden sich jedoch Wettbewerbsnachteile ergeben, weil insbesondere die Möglichkeit der Wechselkurskorrektur entfällt, die Löhne in diesen Ländern aber schneller steigen werden als die Produktivität. Daher wird es notwendig sein, Ausgleichsmechanismen zu schaffen, die aber erst in einem gemeinsamen Staat hinreichend vorhanden wären.

SZ: Zeugt das Argument für den Euro, er werde zu einer Welthandelswährung werden, nicht von purem Prestigedenken, das mit ökonomischen Zusammenhängen nichts zu tun hat?

Ohr: Der Euro wird die Dominanz des Dollars als Weltwährung nicht verringern können – ganz im Gegenteil: Zu einer dominierenden Währung gehört Vertrauen in deren Stabilität und Vertrauen in die Wirtschaft, die dahintersteht. Der Euro ersetzt die D-Mark, die eine Währung mit einem Höchstmaß an Vertrauen ist. Hinter dem Euro wird jedoch keine »verschworene Gemeinschaft« stehen, keine homogene Wirtschaftseinheit, sondern eine Gruppe von Nationalstaaten mit äußerst unterschiedlichen Interessen und Präferenzen. Wenn in den meisten anderen Bereichen keine gemeinsame Politik zustande kommt, wie soll dann Vertrauen in eine zentrale Geld- und Währungspolitik zustande kommen?

SZ: Wird die gemeinsame Währung die Arbeitslosigkeit mindern können?

Ohr: Die neue Währung wird an dem wichtigsten Problem unserer Zeit nichts ändern. Manchmal entsteht der Anschein, als ob die Politiker durch das Beharren auf diesem riesigen ökonomischen Experiment von den eigentlichen Problemen – die sie nämlich nicht in den Griff bekommen – ablenken wollten. Im übrigen ist die Währungsumstellung mit so hohen Kosten verbunden, daß sie einen deutlichen Preisschub hervorrufen wird und hierdurch auch rezessive Tendenzen auslösen kann. In Deutschland werden steigende Zinsen zu erwarten sein, die die Investitionstätigkeit und damit auch die Beschäftigung schwächen.

SZ: Besteht durch einen pünktlichen Start der EWU und einer deshalb womöglich geringen Teilnehmerzahl nicht die Gefahr, daß sich die nicht teilnehmenden EU-Länder gegen weitere politische Integrationsschritte sträuben werden?

Ohr: Bei einer kleinen Währungsunion müssen einige der EU-Länder »disqualifiziert« werden. Dies schadet dem europäischen Binnenmarkt und läßt auch die Vorteile einer gemeinsamen Währung kaum zum Zuge kommen. Zwischen den für eine kleine Währungsunion in Frage kommenden Ländern bestehen schon heute keine Wechselkursschwankungen. Daher werden sich dort auch kaum Einsparungsmöglichkeiten durch den Wegfall der Wechselkursabsicherungskosten ergeben. Statt dessen wird eine Spaltung Europas betrieben, die dem Integrationsgedanken vollständig widerspricht. Aus diesem Grunde werden spätestens nach zwei Jahren auch die labileren EU-Länder aufgenommen werden. Dies ergibt sich schon daraus, daß eine kleine Währungsunion überhaupt nur mit Hilfe der Stimmen der Länder, die man zunächst ausschließen möchte, beschlossen werden könnte. Diese Stimmen wird man in irgendeiner Form »abkaufen« müssen.

(Interview: Claudia Specht, 20. März 1997)

Die Entscheidung rückt näher

Soll er denn kommen?

Der Kanzler hat keine Alternative zu
einem harten Euro

Die Fragen 46 bis 50

Von Winfried Münster

46. Wenn der Euro kommt ...
Soll er denn kommen?

Der ehemalige französische Staatspräsident Valéry Giscard d'Estaing, der in den 70er Jahren gemeinsam mit dem damaligen Bundeskanzler Helmut Schmidt das Europäische Währungssystem (EWS) geschaffen hat, warnt davor, den Beginn der Währungsunion zu verschieben. Denn dann, so argumentiert er, würden die Menschen erkennen, »daß wir ja bereits eine europäische Währung haben – die D-Mark«. So macht Giscard seinen Landsleuten klar, daß die D-Mark als Leitwährung Europas für Frankreich nicht in Frage kommt.

Die Währungsunion ist aus politischen Gründen notwendig, nicht aus wirtschaftlichen. In der währungspolitischen Landschaft Europas beschränken alle Mitgliedstaaten der EU, ausgenommen Großbritannien und Schweden, ihre Geld- und Zinspolitik darauf, den Wechselkurs zur D-Mark stabil zu halten. Die Zentralbanken dieser Länder können ihre Zinsen weder entsprechend ihren konjunkturellen Bedürfnissen justieren, noch können sie die Wirtschaft nach Wunsch mit billigem Geld versorgen. Sie müssen sich vielmehr auf den DM-Wechselkurs konzentrieren, weil sie es sich der Bonität ihrer Währung wegen nicht erlauben können, gegenüber der Mark abzuwerten.

Die Mark ist Europas Ankerwährung und der Maßstab für die Stabilität des Geldwertes. Die Partner haben auf ihre geld- und kreditpolitische Souveränität verzichtet. Souverän in diesem Sinne ist allein die Bundesbank, und das bereitet Ärger. Wenn sie die Leitzinsen nicht senkt oder gar erhöht, so hört sie prompt den Vorwurf, sie berücksichtige nicht die konjunkturellen Interessen der Partnerländer. Kommt es gar zur Abwertung, so wird der Nationalstolz verletzt.

Diesen Zustand ertragen die Partnerländer, allen voran Frankreich, nur noch in der Perspektive der Währungsunion. Das Projekt fallenzulassen hieße, die währungspolitische Dominanz Deutschlands zu verewigen. Die Rolle Deutschlands als Triebkraft der europäischen Integration verkehrte sich in ihr Gegenteil.

47. Dienen die Maastrichter Qualifikationskriterien also nur der Beruhigung des skeptischen Bundesbürgers. Kommt es auf sie nicht an?

Richtig ist, daß die Kriterien der Mehrheit derjenigen Länder, die in die Währungsunion drängen, nicht wichtig sind. Einige der Euro-Kandidaten, so Belgien, Italien und Spanien, betrachten die Prüfungsbedingungen sogar als eine deutsche Schikane. Für die Bonner Europa-Politik sind die Kriterien indes eminent wichtig, denn nur mit ihrer Hilfe können sich der Bundeskanzler und sein Finanzminister ihrem Dilemma entwinden: Verweigern sie sich der Währungsunion, zerstören sie den europäischen Einigungsprozeß. Lassen sie es sehenden Auges zu einem weichen Euro kommen, setzen sie den inneren Frieden des eigenen Landes aufs Spiel.

Die Lösung des Problems liegt allein in einem harten Euro, der schnell Vertrauen gewinnt. Ein starker Euro ist mithin nicht nur ein wirtschaftliches, sondern auch und vor allem ein politisches Muß. Die Mittel, mit denen die Güte der künftigen europäischen Währung gesichert werden kann, sind die Maastrichter Kriterien.

48. Können die Kriterien denn noch erfüllt werden? Und wenn nein, wäre es dann nicht ratsam, den Euro jetzt zu verschieben, damit Klarheit herrscht?

Prüfungstermin ist der April 1998. Bis dahin können die Kriterien nicht mehr erfüllt werden. Selbst wenn der Wechselkurs stabil wäre, ausreichend niedrige Zinsen und Inflationsraten verzeichnet würden, und die Zahlen über das öffentliche Defizit sowie die Staatsschulden für das Jahr 1997 stimmten, so blieben die Mitgliedstaaten mit Ausnahme Luxemburgs dennoch den Beweis dafür schuldig, daß ihre Finanzlage im Sinne des Vertrages von Maastricht »auf Dauer tragbar« ist. Dieses Gebot der Nachhaltigkeit gesunder Finanzen darf nach Ansicht des Europäischen Währungsinstituts nicht außer acht gelassen werden. Dennoch weigert sich Bundesfinanzminister Theo Waigel zu Recht, jetzt Verschiebung zu verlangen. Es ist die besondere Stellung Deutschlands in der EU, die dies verbietet. Der Minister würde umgehend verdächtigt, die Währungsunion verhindern und die Dominanz der D-Mark zementieren zu wollen. Er darf nichts sagen, was später Anlaß zu dem Urteil geben könnte, Deutschland habe die Währungsunion scheitern lassen.

49. Wie also können Kanzler und Finanzminister in Anbetracht unerfüllter Kriterien einen harten Euro sichern?

Indem sie auf die strikteste Interpretation der vertraglichen Prüfungsbedingungen pochen – allerdings nicht jetzt, sondern im April nächsten Jahres. Sie haben gar keine andere Wahl. Würden sie auf der entscheidenden Gipfelkonferenz eine laxe Auslegung der Kriterien zulassen, so könnten sie den Teilnehmerkreis nicht abgrenzen. Verlegten sie sich dann aufs Verhandeln und machten sie beispielsweise Italien Versprechungen, um das Land draußen zu halten, so würden sie sich der Erpressung aussetzen. Erpreßt wird ohnehin, da es in der EU üblich ist, Verhandlungspakete zu schnüren. Spanien etwa könnte androhen, die Osterweiterung der Gemeinschaft zu verhindern, wenn es im Euro-Club nicht Sitz und Stimme erhalte. Legen Kanzler und Finanzminister die Kriterien dagegen eng aus, so bewahren sie sich davor, in solches Dickicht zu geraten, und sie schützen den Euro-Club davor, ein heterogenes Staaten-Gemisch zu werden, das keine der D-Mark vergleichbare Valuta hervorbrächte.

50. Würde sich in Euro-Land das Beispiel der innerdeutschen Währungsunion wiederholen? Müßten gigantische Finanzhilfen in schwache Mitgliedsländer transferiert werden?

Ja, und zwar in jene Länder, deren industrielle Produktivität so gering ist, daß sie in einem Starkwährungs-Raum nicht konkurrenzfähig bleiben können. Die Währungsunion nivelliert die Preise, nicht die Kosten. In schwachen Partnerstaaten steigt, wie in Ostdeutschland, die Arbeitslosigkeit, wenn sie nicht mehr abwerten können. Die Mittel für ausreichende Transfers sind jedoch nicht da, und so müssen die Maastrichter Kriterien auch den Ausweg aus diesem Dilemma weisen: Der Währungsunion dürfen eben keine schwachen Länder angehören. Die strikte Auslegung der Kriterien hält den Club klein, und nur ein kleiner Euro-Club ist auch ein feiner Euro-Club.

Der Euro wird Waigel viel Geld kosten

Interview mit Bayerns Landwirtschaftsminister Reinhold Bocklet

SZ: Herr Minister, als langjähriges Mitglied des Europäischen Parlaments kennen Sie die Triebkräfte der Europapolitik. Welche Länder und Politiker stecken hinter der Währungsunion?

Bocklet: Das Projekt der Währungsunion ist die logische Konsequenz eines europäischen Einigungsprozesses, der über die wirtschaftliche Integration und den Binnenmarkt zu einer Politischen Union zu gelangen sucht. Die Frage nach den Triebkräften möchte ich nicht an einer Person oder einem Mitgliedsstaat festmachen. Die Schaffung einer einheitlichen europäischen Währung steht seit langem auf der Wunschliste einer Reihe von Mitgliedsstaaten. Richtig ist aber, daß die deutsch-französische Allianz mit ihren Exponenten Kohl und Mitterrand sowie Chirac in dieser Frage eine besondere Rolle spielt. Angesichts der Blockbildungen in der übrigen Welt und des wirtschaftlichen Erstarkens Asiens wird Europa ohne ein weiteres Zusammenrücken der Gemeinschaft langfristig nicht bestehen, geschweige denn seine Interessen durchsetzen können. Neben diesem mehr globalen Interesse gibt es aber auch sektorale und auf die Mitgliedsstaaten bezogene Motive, die Währungsunion voranzutreiben. Vor allem die international tätigen Geldinstitute und die Exportwirtschaft einschließlich der Landwirtschaft werden aus der Währungsumstellung ihren Nutzen ziehen. Die Schwachwährungsländer werden vorwiegend von der Aufwertung ihrer Geldguthaben und dem niedrigeren Zinsniveau profitieren.

SZ: In Maastricht wurde auch über eine Politische Union verhandelt, die die Währungsunion politisch abstützen sollte. Warum ist letztere so gut, erstere so gut wie gar nicht gelungen?

Bocklet: Eine gemeinsame Währung besitzt einen höheren Regelungsbedarf als eine Politische Union. In Maastricht kam es zu einer exakten und verbindlichen Normierung der Währungsunion, weil alle Mitgliedsstaaten einschließlich Deutschland dies wollten. Die Politische Union blieb dagegen weitgehend im Unverbindlichen, weil wichtige Mitgliedsstaaten, wie Frankreich und Großbritannien, nicht bereit waren weiterzugehen. Viele Mitgliedsstaaten sehen in der Politischen Union keine realen Vorteile, die sie gegenüber dem dann zu leistenden Souveränitätsverzicht einhandeln könnten. Darüber hinaus gibt es unterschwellige Befürchtungen, einzelne Länder könnten zu mächtig werden. Die Entwicklung zur Politischen Union ist deshalb ein zäher, lang andauernder und sehr schwieriger Prozeß. Die Währungsunion hingegen bietet gerade den wirtschaftlich Schwächeren Vorteile. Den Nachteil, die Währungspolitik nicht mehr zum Ausgleich von Schwächen nutzen zu können, werden sie künftig mit massiven Forderungen nach einem Finanzausgleich zu kompensieren suchen. Derartigen Forderungen wird sich Deutschland nicht entziehen können, wenn gleichzeitig die Politische Union vorangetrieben werden soll, und die deutsche Politik sich als Motor versteht.

SZ: Der Kanzler sagt, die Währungsunion werde Europa auf dem Weg zur Politischen Union voranbringen. Warum soll man das glauben?

Bocklet: Die Währungsunion wird erhebliche Zwänge in Richtung Harmonisierung der Wirtschafts-, Sozial-, Haushalts- und Finanzpolitik der Mitgliedsstaaten ausüben. Ist dieser Prozeß weit genug fortgeschritten, können sich seinem Sog auch Bereiche wie die Außen- und Rechtspolitik nicht mehr entziehen. Solange der gemeinschaftlichen Geld- und Währungspolitik aber eine national verantwortete Wirtschaftspolitik gegenübersteht, kommt es entscheidend auf die strikte Einhaltung der Konvergenzkriterien und auf einen dauerhaften Stabilitätspakt an.

SZ: Ein besonderes Interesse offenbart die Landwirtschaft. Warum?

Bocklet: Die Landwirtschaft ist der von Anfang an am meisten integrierte Wirtschaftszweig, dessen Prinzipien gemeinsame Preise, Außenschutz und gemeinsame Finanzierung sind. Die Agrarpreise konnten in den 70er und 80er Jahren bei auseinanderdriftenden Währungen nur mit Hilfe des Grenzausgleichs aufrechterhalten werden. Mit der Abschaffung des Grenzausgleichs im Jahr 1984 bekam die deutsche Landwirtschaft die Aufwertungen der D-Mark am stärksten zu spüren. Gerade in Bayern wurden sehr negative Erfahrungen gemacht. Bei einem Export von über zwei Dritteln der Rindfleischproduktion und etwa der Hälfte der Milchproduktion überwiegend in Schwachwährungsländer ist dies nicht erstaunlich, tragen doch diese beiden Bereiche annähernd 60 Prozent zum Gesamterlös bei.

(Interview: Winfried Münster, 21. März 1997)

Der Euro kommt

Leitartikel vom 25. Oktober 1996

Von Winfried Münster

»Allen pessimistischen Gurus zum Trotz«, versicherte Helmut Kohl den Iren, »der Euro kommt.« Er ist schon da. Die Kreissparkasse in Waldkirch gibt für zwei Wochen Münzen mit der Prägung der künftigen Einheitswährung heraus, und viele Geschäfte dort nehmen sie zur Zahlung an: 1 Euro gleich 2 Mark.

Mut ist nicht vonnöten, die Sparkasse tauscht die Probe-Euros zurück. Aber die Schwarzwälder üben aus gutem Grund. An der Ankündigung des Kanzlers ist kaum noch zu zweifeln. Industrie und Banken haben inzwischen zu viel Geld in die Währungsumstellung investiert und die verantwortlichen Politiker zu viel Prestige, als daß die Reform noch abgeblasen werden könnte. Seit der Wiedervereinigung knüpft Kohl nichts Geringeres als Frieden und Wohlstand seines Landes an das Gelingen der Europäischen Währungsunion. Würde er nun, kurz vor der Entscheidung, welche Partnerstaaten sich zum 1. Januar 1999 im Euro vereinen, abwinken, so wäre seine Politik als unberechenbar entlarvt.

Ein Chaos als Alternative?

Doch diese Gefahr besteht nicht. Helmut Kohl ist auf Biegen und Brechen zur Währungsunion entschlossen, obwohl er seinen Bundesbürgern etwas anderes sagt. Nur solche Länder würden in den Geld-Bund aufgenommen, so beteuert er sowie seine Minister der Finanzen und des Auswärtigen öffentlich, die die Beitrittsbedingungen des Vertrages von Maastricht buchstaben- und vor allem zahlengetreu erfüllen. Vom kleinen Luxemburg abgesehen, ist aber kein Land reif. Sie alle weisen zu hohe Staatsschulden oder Haushaltsdefizite oder beides zusammen aus. Zu hohe Schulden und Etatfehlbeträge sind Quellen der Inflation und deshalb verboten. Um sicherzustellen, daß die künftigen Partner überhaupt fähig sind, ihre Finanzen in Ordnung zu halten, verlangt der Vertrag den mehrjährigen Nachweis vor dem Beginn der Währungsunion. Diesen Nachweis kann außer Luxemburg niemand erbringen.

Als dies offenkundig wurde, gab das Auswärtige Amt hinter der Fassade gewohnter Deklamationen eine neue Losung aus: Die Währungsunion zu verschieben, sei schlimmer, als die Maastrichter Qualifikationskriterien zu verfehlen, denn dann entstünde Chaos auf den Devisenmärkten zum Schaden der deutschen Exportwirtschaft. Dieses Kalkül gab prompt jenen EU-Partnern frischen Ansporn, die sich, wie Italien und Spanien, kaum noch Chancen auf den europäischen Eliteclub ausgerechnet hatten oder, wie Belgien, zumindest sehr unsicher waren. Überall in der EU biegen die Finanzminister derzeit ihre Haushaltsentwürfe zurecht, denn von den 97er Zahlen über Staatsschulden und Fehlbeträge hängt formal ab, wer dabeisein darf. Wo, wie in Brüssel, Rom, Madrid und sogar in Paris, die politische Kraft zum Sparen nicht reicht, hilft ein Griff in die Trickkiste. Dies wird den Kanzler in die unangenehme Lage bringen, seinen skeptischen Bundesbürgern im Frühjahr 1998, ein halbes Jahr vor der Bundestagswahl, erklären zu müssen, daß trotzdem ein starker Euro gesichert sei. Oder er spielt unfreiwillig den Schiedsrichter, wenn die Spanier nicht einsehen wollen, daß die Franzosen mitmachen dürfen, sie selbst aber nicht. In der EU zückt der Schiedsrichter allerdings nicht die rote Karte, sondern das Scheckbuch. Aber dies alles muß den Sparer, Verbraucher und Steuerzahler vorläufig nicht bekümmern. Am 1. Januar 1999 beginnt die Währungsunion, und niemand merkt's. Man zahlt noch in Mark. Erst nach und nach taucht der Euro auf, auf Kontoauszügen und noch für drei Jahre meist nur als zweite Zahl neben dem D-Mark-Betrag. Immerhin wird dem Skeptiker auf diese Weise von neuem belegt, daß die Währungsunion kein Betrug ist. Es verliert niemand Geld, auch kein schwarzes. Aber die Bundesbank ist entmachtet. Die Pflege des Geldwertes wird an Neujahr 1999 einer europäischen Behörde überantwortet. Das ist das Wesen der Währungsunion, und dies bedeutet, daß eine der besten Währungen ihre Selbständigkeit und Unabhängigkeit verliert. Es lebe der Euro. Wird er auch schön? Das steht in Europas goldenen Sternen, denn der Geldverbund ist ein Experiment ohne Vorbild.

Der Kanzler und sein Finanzminister versprechen einen Euro,

der so stark sein werde, wie es die Mark heute ist, dafür sorge der Vertrag von Maastricht. Dieser Vertrag ist rechtlich gewiß ebenso verbindlich wie das Bundesbankgesetz, aber weniger wert, denn hinter dem Gesetz stehen ein durchsetzungsfähiges Verfassungsgericht, ein machtvolles Parlament und der Wähler, der die Regierung, die den Geldwert durch zu große Haushaltsdefizite und Schulden aushöhlt, absetzen kann. Die Vertragstreue der Euro-Verbündeten erzwingt dagegen niemand. Nicht wenige EU-Länder verschieben heute schon regelwidrig einen Teil ihrer Schuldenpläne in die Zeit der Währungsunion. Man muß sich klarmachen: Der neue Geld-Bund entsteht ja nicht, weil sich bis 1999 ein erlesener Kreis von Staaten mit soliden Finanzen herausgebildet hätte. Vielmehr bringt ein Kreis von Ländern seine Haushalte mit Ach und Krach und in letzter Minute halbwegs in Ordnung, weil er unbedingt den Euro-Bund schmieden möchte. Also fragt es sich sehr, ob diese Länder hernach, wenn sie es geschafft haben, nicht wieder die Zügel schleifen lassen werden.

Helmut Kohl preist die Unabhängigkeit der Europäischen Zentralbank als Garanten für stabiles Geld. Angenommen, er ließe kein Fernsehinterview aus, um unter allgemeinem Beifall bei der Bundesbank leichtes Geld und niedrigere Zinsen anzumahnen, damit endlich die Konjunktur anspringe und Arbeitsplätze schaffe: Blieben die Frankfurter Währungshüter dann wirklich unbeeindruckt? Der Kanzler bedrängt sie aber nicht, weil der gesellschaftliche Konsens zugunsten stabilen Geldes es ihm verbietet, und weil er kein Inflationspolitiker ist. In der EU gibt es jedoch keinen solchen Konsens. Der Druck, unter den die Europäische Zentralbank in Anbetracht stetig steigender Arbeitslosenzahlen gesetzt wird, läßt sich schon erahnen.

Widerspruch verbietet sich

Ist der Euro also ein schlechter Tausch? Die Antwort lautet wie so oft: Es kommt darauf an. Den Maastrichter Vertrag hat man aufgesetzt, um unqualifizierte Kandidaten fernzuhalten. Wie man nun weiß, erfüllt er nicht seinen Zweck. Wäre dagegen von vornherein klar, daß sich nur Partnerländer mit erwiesener Stabilitätskultur im

Euro vereinen, so bedürfte es des Vertrags von Maastricht nicht. Ein Geldverbund mit Holland, Österreich und der Schweiz wäre über jeden Zweifel erhaben, und auch die anderen kleinen Partner in der EU würden der Stabilität des Euro wohl nicht gefährlich. Anlaß zum Mißtrauen geben dagegen die Großen, Italien, Spanien, Frankreich und das Vereinigte Königreich. Sie sind es schlicht nicht gewohnt, ihre wirtschaftlichen Probleme den Interessen einer Gemeinschaft unterzuordnen.

Aber letztlich kommt es nicht auf einen stabilen Euro an, sondern auf das Bündnis mit Frankreich. Das ist die Ultima ratio der Währungsunion, denn für dieses Bündnis ist die Mark zu mächtig geworden. Frankreich verlangt den Euro kategorisch. Deutschland kann es sich nicht leisten zu widersprechen.

Gefangen in der Euro-Falle

Leitartikel vom 24. März 1997

Von Andreas Oldag

Theo Waigel sitzt in der Falle. Immer wieder hat der Bundesfinanzminister eine punktgenaue Erfüllung der Qualitätskriterien für die Europäische Währungsunion EWU angemahnt. Mit dieser politischen Verpflichtung sollten die Deutschen den Euro lieben lernen. Doch angesichts steigender Arbeitslosenzahlen und flauer Konjunktur muß die Bundesregierung damit rechnen, daß sie die Neuverschuldung in diesem Jahr nicht unter die vom Maastrichter Vertrag vorgesehene Zielmarke von drei Prozent des Bruttoinlandsprodukts drücken kann. Bei der Gesamtverschuldung hat Waigel bereits den Rückzug angetreten. Der Referenzwert von 60 Prozent des Bruttoinlandsprodukts wird 1997 knapp verfehlt werden. Nun darf man gespannt sein, wann Kanzler Kohl und sein Minister Waigel auch für eine flexiblere Interpretation des Haushaltsdefizits eintreten und damit sämtliche guten Vorsätze über den Haufen werfen.

Es geht in diesem Zusammenhang gewiß auch um das Grundmuster der Bonner Europa-Politik. Die entfernt sich immer mehr von den unmittelbaren Interessen der Bürger. Ob Euro, Reform des Maastrichter Vertrags oder EU-Erweiterung – in einer selbstgefälligen Art entwerfen Politiker ein Jahrhundertprojekt nach dem anderen. Auf den EU-Gipfelkonferenzen, die längst zu einem Ritual erstarrt sind, preisen sich Staats- und Regierungschefs vor allem selbst. So ist es symptomatisch, daß sich im Rahmen der laufenden Regierungskonferenz kaum noch jemand um eine stärkere Demokratisierung der EU kümmert. Europa bleibt so eine exklusive Veranstaltung einer kleinen Politikerkaste. Kritiker, die nur leise Zweifel äußern, gelten sofort als ausgemachte Europa-Feinde. Das Motto lautet: Wer nicht an die große Europa-Vision glaubt, ist ein Ketzer. Bundeskanzler Helmut Kohl, so scheint es, schert sich freilich um solche Kleinigkeiten schon lange nicht mehr. Er will offenbar im gewaltsamen Eilmarsch zum Euro gelangen. Kohl möchte sich eben nicht nur als Kanzler der Vereinigung seinen Platz in den Geschichtsbüchern sichern, sondern auch als Vater der Europa-Währung.

In Wirklichkeit aber haben sich die Bonner Europa-Musterschüler nicht nur innenpolitisch in die Bredouille manövriert. Mitleidig wurden die südeuropäischen EU-Länder belächelt, als sie begannen, durch ehrgeizige Sparprogramme ihre Haushalte zu sanieren. Nein, Italien darf nicht zu den ersten Teilnehmern gehören, verlautete es nicht nur aus Bonn, sondern auch aus Frankfurter Bankkreisen. Der »Club Med« gefährde mit seiner unseriösen Finanzpolitik die Stabilität des Euro, hieß es. Jetzt aber schlägt dieses Argument auf den deutschen Klassenprimus zurück.

Ohne Not hat sich die Bundesrepublik freilich selbst in die Euro-Falle hineinbegeben. Man kann sich nur wundern, weshalb Bonner Politiker mit geradezu missionarischem Eifer auf der zehntelprozentgenauen Erfüllung des Defizitkriteriums bestanden haben. Erstens gibt es noch andere Kriterien, etwa niedrige Inflation und Zinsen, welche die Bundesrepublik durchaus erfüllt. Nur die Beurteilung des Gesamtbilds zur Konvergenz kann entscheidend sein. Zweitens hängt die Stabilität des Euro gewiß nicht davon ab, ob das Haushaltsdefizit 3,1 oder 3,2 Prozent beträgt. Deshalb läßt der Maastrichter Vertrag auch einen gewissen Spielraum für Interpretationen. Das Vertrauen in den Euro wird freilich dadurch beschädigt, daß man der verdutzten Bevölkerung irgendwann erklären muß, daß die strikte Vertragsauslegung nicht mehr aktuell sei.

Sollte man vielleicht doch das ganze Projekt verschieben? Ein späterer Starttermin für die Währungsunion wäre gewiß kein Desaster für Europa. In der Geschichte der EU gibt es viele Beispiele, daß Reformvorhaben trotz eines zunächst festgelegten Termins wegen politischer Probleme auf die längere Bank geschoben wurden. So ist auch der Euro-Start am 1. Januar 1999 nicht sakrosankt. Die Regierungen könnten sich darauf einigen, die »Uhren« für eine bestimmte Zeit anzuhalten, um dann die Qualifikation besser zu schaffen. Rein juristisch gesehen ist die Währungsunion im EU-Vertrag keineswegs auf einer höheren Stufe der Verbindlichkeit verankert als beispielsweise die Bestimmungen zum Agrarmarkt. Und auch da hapert es in vielen Bereichen mit der Umsetzung.

Das soll freilich nicht heißen, daß eine Verschiebung einen Ausweg aus der Euro-Falle weist. Wenn über die Einführung des Euro beispielsweise nicht im Frühjahr 1998, sondern erst im Herbst entschieden werden soll, ist es kaum vorstellbar, daß die EU mit den anderen Reformvorhaben vorankommt. Schon jetzt haben sich Kommission und Ministerrat hoffnungslos verzettelt. Allein die Umstellung auf den Euro setzt die Änderung von rund 1600 Gemeinschaftsregelungen voraus. Wie dann noch der immense Arbeitsaufwand für die EU-Erweiterung – spätestens 1998 sollen die Verhandlungen mit den osteuropäischen Ländern beginnen – bewältigt werden kann, bleibt unklar. Aber vielleicht geht es gar nicht mehr um die Ausarbeitung funktionierender Zukunftskonzepte. Die großangekündigte innere Reform der EU dürfte in einem Minimalkompromiß enden. Ähnlich wie beim Euro wird man den Menschen mit einem Achselzucken erklären, daß eigentlich alles nicht so gemeint war.

Frankreich – Dem Euro gefaßt entgegensehen

Für die Währungsunion würden die Franzosen den Gürtel sogar enger schnallen

Von Gerhard Heidelberg

Paris, 12. März – In Frankreich ist es auffallend still geworden um den Euro. Politik und Wirtschaft sehen seinem Kommen gefaßt entgegen, die Finanzwelt bereitet sich mit Hochdruck auf ihn vor. Die Franzosen halten die Europäische Währungsunion und die Einführung des Euro mehrheitlich für eine gute Sache. Nach Meinungsumfragen wären sie sogar dazu bereit, den Gürtel für Europa enger zu schnallen.

Die bürgerliche Regierung ist davon überzeugt, daß es gelingen wird, bis zur Stunde der Wahrheit alle fünf Maastricht-Kriterien zum Eintritt in die Währungsunion zu erfüllen. Vier davon bereiten heute schon keine Schwierigkeiten mehr: Die Inflationsrate liegt unter dem Durchschnitt der EU-Staaten, die langfristige Zinsentwicklung deutet nach unten, der Wechselkurs des Franc ist stabil, und bei seiner Staatsverschuldung liegt das Land unter der vorgesehenen Höchstgrenze von 60 Prozent des Bruttoinlandsprodukts (BIP). Nur beim öffentlichen Defizit hapert es noch. Doch mit etwas Mogelei – die zur Privatisierung anstehende France Télécom bessert durch eine einmalige Überweisung von umgerechnet 11,2 Milliarden Mark für Pensionsrückstellungen die Finanzlage des Staates auf – wird Frankreich 1997 das Defizit in die Obergrenze von drei Prozent des BIP zwängen.

Auch die Diskussionen über den Wechselkurs des Euro gegenüber dem Dollar, mit dem die Europäer ihr währungspolitisches Abenteuer starten wollen, ist leiser geworden. Ex-Staatspräsident Valéry Giscard d'Estaing hatte sie im Dezember 1996 mit seiner Forderung angeheizt, vor dem Start in die Währungsunion die angeblich überbewerteten Franc und DM gegenüber der amerikanischen Valuta noch schnell herabzustufen und dem Euro damit bessere Startchancen zu geben. Der anhaltende Höhenflug des Dollar hat das Thema praktisch gegenstandslos gemacht. Ohnehin hat in letzter Zeit unter Frankreichs Euro-Streitern die Meinung an Boden gewonnen, daß nicht die Höhe des Startkurses für den Euro entscheidend ist, sondern seine Stabilität. Und stabil wird der Euro nur sein, wenn er das Vertrauen der internationalen Finanzwelt hat. Dies wiederum soll mit dem Stabilitätspakt erreicht werden, auf den sich die Europäer nach langer Diskussion verständigt haben.

Damit der Pakt auch eingehalten wird, wollen die Euro-Mitgliedsstaaten die wirtschaftspolitische Abstimmung untereinander intensivieren. Der französische Finanzminister Jean Arthuis hält eine solche Verständigung zum Beispiel in den Bereichen Haushaltsverfahren und -zielsetzungen, Wechselkurspolitik, Konjunkturanalyse für notwendig – und zwar ohne Institutionalisierung, also ohne Schaffung eines eigenen Stabilitätsrats der Euro-Staaten. Der in Deutschland oft gehegte Argwohn, daß die Franzosen mit einem institutionalisierten Stabilitätsrat eine

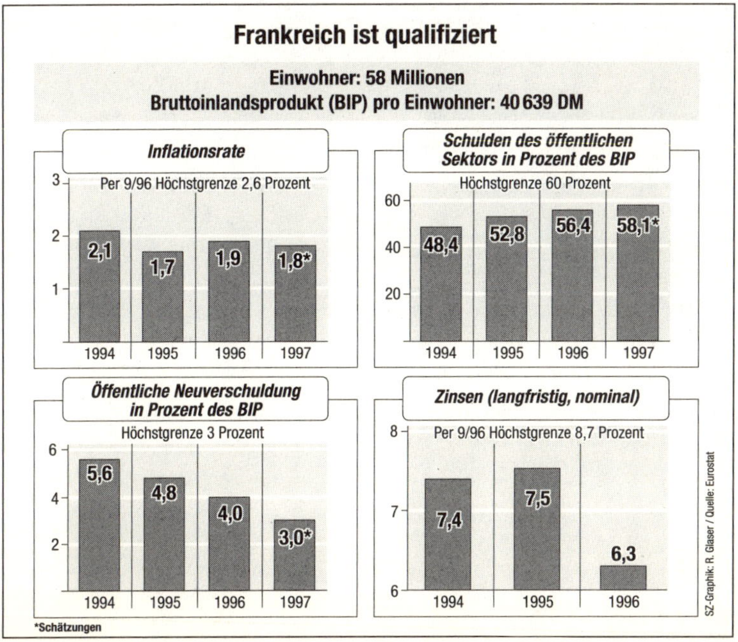

Gegenregierung zur Europäischen Zentralbank schaffen wollen, beruht auf einer übertriebenen Interpretation französischer Äußerungen. Daß Frankreich beispielsweise die Wechselkurspolitik zur Steuerung von Konjunktur und Beschäftigung einsetzen wolle, ist eine Unterstellung, die den Tatsachen nicht standhält: Seit zehn Jahren schon verzichtet Paris darauf, den Wechselkurs aus konjunkturpolitischen Gründen zu manipulieren. Nach französischer Ansicht muß aber parallel zu dem durch die Europäische Zentralbank gebildeten geldpolitischen Pol ein wirtschaftspolitischer Pol geschaffen werden, der für die haushaltspolitische Stabilität und die Abstimmung der Wirtschaftspolitik sorgen muß. Diese Abstimmung müsse institutionalisiert werden, sagt Arthuis. Als Muster könnten die informellen Treffen der Finanzminister und Notenbankchefs der G 7 dienen.

Den neuesten deutschen Streit über die Frage, ob die südeuropäischen Länder zu den Gründungsmitgliedern der Währungsunion gehören sollen, beobachten die Franzosen mit einiger Distanz. Die Maastricht-Kriterien sollen zu gegebener Zeit die Spreu vom Weizen trennen, sagt die Regierung. Nur die oppositionellen Sozialisten wollen sofort Italien, Spanien und Portugal in den Euro-Club aufnehmen. In der französischen Finanzwelt wird unterdessen ohne Rücksicht auf die innergemeinschaftlichen Querelen die 1999 anstehende Umstellung auf den Euro vorangetrieben. Die Banken haben millionenhohe Rücklagen für den Währungstausch geschaffen, die Pariser Wertpapierbörse will am 4. Januar 1999, dem ersten Börsentag nach dem Euro-Start, die Kurse in europäischer Währung notieren.

Existenzängste bereitet der Übergang zum Euro den Franzosen kaum. Allerdings müssen sie sich auch nicht, wie die Deutschen, von einer zum nationalen Symbol der wirtschaftlichen Stärke hochstilisierten Mark trennen.

Italien – Ein Veteran voll Enthusiasmus

Italien will vom Start weg unbedingt dabei sein

Von Klaus Brill

Rom, 10. März – Helmut Kohl mit preußischer Pickelhaube – das ist die Art von Chiffren, in denen italienische Gazetten wie *Panorama* die Europaängste vieler ihrer Landsleute symbolhaft bündeln. »Euroreich? No grazie«, überschrieb jüngst auch die rechtslastige Zeitung *Il Giornale* einen Leitartikel, in dem es hieß, die gemeinsame Währung diene nur Deutschland und Frankreich dazu, ihr europäisches Umfeld zu beherrschen. Und die eher linke *la Repubblica* sprach von den »gepanzerten Marschsäulen der Buba« – wobei Buba für die deutsche Bundesbank steht. Der wirkliche Patron des vereinten Europa werde die Bundesbank sein, umgeben vom willigen Chor der deutschen Banken und der anderen Zentralbanken, meinte der renommierte Journalist Eugenio Scalfari.

Lohnen die Opfer?

Empfindlichkeiten sind im Spiel, da auch in Italien die Debatten um den Pakt von Maastricht wogen. Fortlaufend werden die Bürger in Wechselbäder getaucht. Einerseits zeigen sich deutlich die Erfolge eines überaus strengen Sparprogramms, das die Regierung verordnet hat und das die Bevölkerung bisher mit staunenswerter Opferbereitschaft hinnimmt; andererseits werfen Bemerkungen von Experten gerade auch aus Deutschland immer wieder die Frage auf, ob all die Opfer am Ende lohnen. Schafft es Italien, seine riesigen Schulden rasch zu verringern und beizeiten die Maastricht-Kriterien zu erfüllen? Oder wird es abgestuft »in Serie B«, in die zweite Liga derjenigen EU-Länder, die beim Euro nicht von Anfang an dabei sein dürfen? Dies sind Fragen, die zutiefst das nationale Prestige berühren.

Die Italiener betrachten sich als Veteranen des geeinten Europa. Ihr Land zählt zu den großen Industrienationen, es war eines der sechs Gründungsmitglieder der EG, und seine Bürger bekennen in Umfragen weit mehr Europa-Enthusiasmus als andere. Bliebe Italien vom Euro erst einmal ausgeschlossen, so würde dies als eine große Schmach betrachtet. Die wirtschaftlichen Folgen wären unabsehbar. Nach Meinung des Ministerpräsidenten Romano Prodi geriete die Lira auf den Finanzmärkten unter Druck, die Inflation würde neu entflammen, und niemand weiß, ob dies im prosperierenden Norditalien den Separatisten der Lega Nord nicht gefährlichen Auftrieb gäbe. »Europa braucht Italien, und Italien braucht Europa«, sagte Schatzminister Carlo Azeglio Ciampi schon zur Jahreswende, »wir müssen zu einer Integration kommen, indem wir

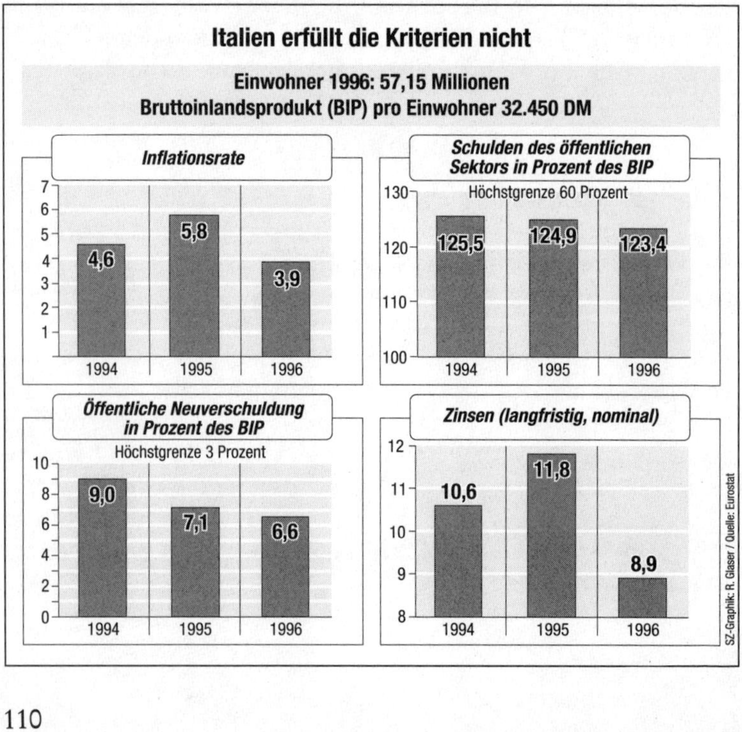

die mitteleuropäische und die mediterrane Komponente ausbalancieren.« Und: »Wir können uns nicht erlauben, den Weg zur Währungsunion zu verlangsamen, weil das eine De-facto-Integration begünstigen würde, zum Vorteil eines einzigen Landes, Deutschlands. Das ist ein Risiko, das wir um jeden Preis vermeiden müssen.«

In der Roßkur

Auf Deutschland sind viele Augen gerichtet. Bundesbankpräsident Hans Tietmeyer ist in Italien ein bestens bekannter Mann, und es findet auch größte Beachtung, wenn etwa der Wirtschaftsweise Horst Siebert deutsche Ängste vor einem Import italienischer Instabilität darlegt, oder wenn der Commerzbank-Chef Martin Kohlhausen erklärt, Italien habe bei fortgesetzter Sparpolitik von einem verzögerten Euro-Anschluß gar keine Nachteile zu befürchten. Skeptische Stimmen dringen in großer Zahl über die Alpen und erregen im Blätterwald ein gewaltiges Rauschen.

Staatspräsident Oscar Luigi Scalfaro hat sich deshalb erst kürzlich mit Blick auf deutsche Banker dagegen verwahrt, daß Italien unentwegt mit Zensuren bedacht werde, und Bescheidenheit angemahnt. Und Regierungschef Prodi, der jüngst nicht nur bei Bundeskanzler Helmut Kohl, sondern auch beim Euro-Skeptiker Edmund Stoiber und am Bankenplatz Frankfurt seine Roßkur erläuterte, weist neuerdings gern selbstbewußt darauf hin, daß deutsche Diskussionsbeiträge unter dem Vorbehalt deutscher innenpolitischer Probleme zu sehen seien. Anscheinend hat er dabei nicht zuletzt die Bundestagswahlen 1998 im Sinn.

Ein Grinsen kommt auf

Als deutsche Probleme werden in Italien aber auch die katastrophale Lage am Arbeitsmarkt sowie die Etatdefizite wahrgenommen, die es inzwischen fraglich werden lassen, ob überhaupt die Deutschen den Kriterien des Maastricht-Vertrages genügen werden. Ein Grinsen kommt auf. »Wir erinnern uns alle an die Genugtuung der mittelmäßigen Schüler, wenn der Klassenbeste in Mathematik eine

Fünf bekam«, bemerkt der Deutschland-erfahrene Top-Manager Franco Tató dazu.

Dem Wissen um die Wichtigkeit der eigenen Bemühungen nimmt dies nichts. Das Ziel Europa ist neben der Reform der Verfassung der Zentralpunkt, dessentwegen Oppositionsführer Silvio Berlusconi mit der regierenden Mitte-Links-Koalition zusammenarbeiten will, auch einen neuen Sparhaushalt will er mittragen. Im Regierungslager steigt deshalb bereits das Risiko eines Bruchs mit den Neokommunisten, die als Mehrheitsbeschaffer bisher unerläßlich sind. Erst am Wochenende hat deren Führer Fausto Bertinotti, drohend wie selten, vom möglichen Ende der Gemeinsamkeiten gesprochen. Der Knackpunkt sind geplante weitere Beschränkungen der sozialen Wohlfahrt, die mit Blick auf Maastricht demnächst auch die Renten und das Gesundheitswesen treffen könnten.

Vor unruhigen Zeiten

Zum Scheitelpunkt der inneren Stabilität kann ferner die Bekämpfung der Arbeitslosigkeit werden, zumal auch die Gewerkschaften dazu nachhaltige Maßnahmen einfordern. Erstmals seit Jahren drohen sie wieder mit Generalstreik, unruhige Zeiten kündigen sich an.

Sie verleiten anscheinend nicht zum Blick zurück. Nur sehr selten einmal kommt die Rede auf all die Craxis, Andreottis & Compagnie, die doch die Urheber der jetzigen Probleme sind. Sie haben in den Jahren der sogenannten *finanza allegra*, des fröhlichen Geldausgebens, all jene Schulden angehäuft, deren Abtrag jetzt über Italiens Wohl und Wehe entscheidet.

Belgien und Luxemburg – Zwei ungleiche Nachbarn

Wie sich Belgien und Luxemburg auf den Euro vorbereiten

Von Andreas Oldag

Auf dem Treffen der EU-Finanzminister im Februar 1997 erntete der belgische Finanzminister Philippe Maystadt Anerkennung. Seine Amtskollegen aus den anderen europäischen Ländern lobten das Konvergenzprogramm Belgiens zur Qualifikation für die Europäische Währungsunion. Mit harten Sparmaßnahmen will die Mitte-Links-Koalition von Ministerpräsident Jean-Luc Dehaene das Land auf Euro-Kurs trimmen. Erfolge sind unverkennbar: Das Haushaltsdefizit wurde seit 1993 fast halbiert. In diesem Jahr peilt die Regierung 2,9 Prozent an, womit der Referenzwert des Maastrichter Vertrags unterboten wäre.

Dennoch ist Belgien auf eine wohlwollende Auslegung des Maastrichter Vertrags angewiesen. Der öffentliche Schuldenstand von 130,6 Prozent des Bruttoinlandsprodukts (BIP) übertrifft deutlich den 60-Prozent-Referenzwert. Die Sünden der Vergangenheit – ausufernde Sozial- und Subventionspolitik sowie teure staatliche Bürokratie – lasten schwer auf dem kleinen Land. Dehaene hat sich mit einem Gesetzespaket Sondervollmachten gesichert, um den Staatshaushalt zu sanieren. Tatsächlich konnte die Schuldenquote bereits deutlich gesenkt werden. Und so hofft die Regierung auf eine Klausel im Vertrag, wonach einem Euro-Kandidaten Absolution erteilt werden kann, wenn er sich dem Referenzwert genügend annähert. Politisch gesehen befindet sich Belgien in einer relativ komfortablen Position: Als Gründungsmitglied der EWG und mit der belgischen Hauptstadt Brüssel als Sitz der EU-Kommission ist es kaum vorstellbar, daß das Land beim Start des Euro nicht dabei sein wird. Außerdem ist Belgien mit Luxemburg in einer Währungsunion verbunden. Der belgische Franc ist gesetzliches Zahlungsmittel im Verhältnis 1:1 im Großherzogtum. »Schon aus technischen Gründen ist eine Trennung der beiden Währungen sehr schwierig, falls nur Luxemburg an der Währungsunion teilnimmt, Belgien aber nicht«, meint ein EU-Diplomat. So profitiert Belgien vom geldpolitischen Musterknaben Luxemburg, das als einziges EU-Land alle Konvergenzkriterien erfüllt.

Luxemburg plagen jedoch nicht die gravierenden Strukturprobleme einer veralteten Montanindustrie wie Belgien. Das Wirtschaftswachstum in dem Großherzogtum hat sich zwar von 3,7 Prozent im Jahre 1995 auf 2,3 Prozent im Jahre 1996 verlangsamt. Doch bei den Staatsfinanzen hat sich das kleine Land mit seinen 380 000 Einwohnern Bestnoten verdient. Das öffentliche Haushaltsdefizit betrug 1996 gerade 0,9 Prozent des BIP, und der Schuldenstand erreichte 7,8 Prozent des BIP. Luxemburg gilt mit über 200 Banken und Kreditinstituten als einer der größten Finanzplätze der Welt. 18 000 Luxemburger haben einen Arbeitsplatz im Bankenbereich. Und die Steuereinnahmen fließen reichlich.

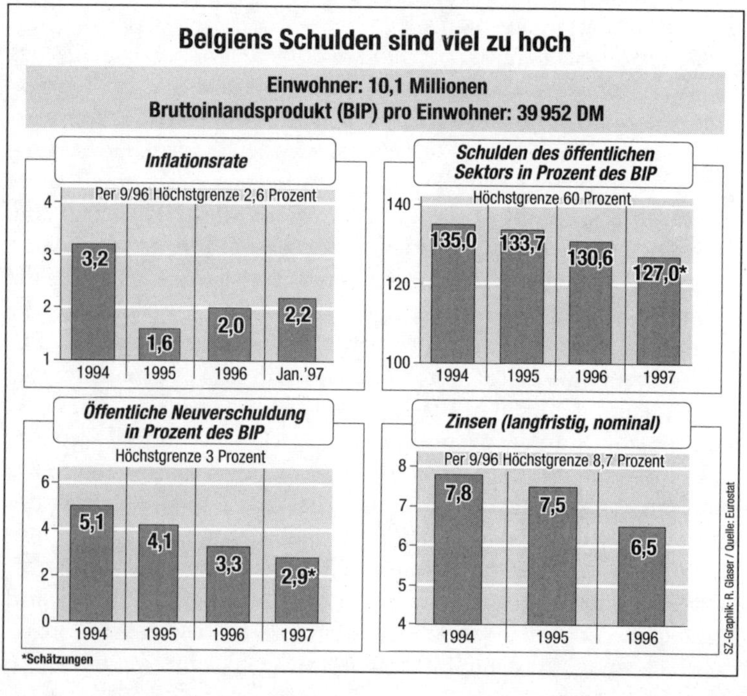

Die Niederlande – Primus mit leisen Zweifeln

Vorbild Holland wirft strenge Blicke auf die Nachbarn

Von Petra Prien

Brüssel, 13. März: Wenn es – neben der Ausnahme Luxemburg – ein Land gibt, das wirklich reif für die Währungsunion ist, dann sind es die Niederlande. Sie haben bewiesen, daß eine nachhaltige Budgetsanierung keineswegs auf Kosten des Wachstums und der Arbeitsplätze gehen muß. Die Maastricht-Kriterien erfüllen sie spielend. Daß ihre Schuldenquote die Höchstgrenze von 60 Prozent des Bruttoinlandsprodukts noch überschreitet, liegt daran, daß der milliardenschwere Beamtenpensions-Fonds in der Quote enthalten ist, obwohl er den Staat von der Zukunftshypothek der Renten befreit, die die anderen EU-Länder belastet.

Die niederländische Wirtschaft läuft auf vollen Touren, denn gleichzeitig mit der Budgetsanierung wurden in den letzten Jahren in kleinen Schritten, aber kontinuierlich die Steuern und Abgaben gesenkt. Der Lohn für diese Politik sind jährlich rund 100 000 neue Arbeitsplätze, die allerdings zu einem guten Drittel nur einen Teilzeitjob bieten. Die Arbeitslosenquote bewegt sich um 6,5 Prozent der Erwerbsbevölkerung, mit deutlich nach unten gerichteter Tendenz. Die Niederländer hatten den Antrieb des Maastrichter Vertrages nicht nötig, um ihr Budget zu sanieren und ihre Wirtschaft auf Vordermann zu bringen. Schon vorher waren sie zu der Erkenntnis gelangt, daß ihr aus allen Nähten platzender Versorgungsstaat die wirtschaftliche Dynamik erstickte. Deshalb regen sich bei ihnen nun auch leise Zweifel, ob sie tatsächlich so gut beraten sind, wenn sie sich mit Ländern wie Deutschland und Frankreich oder gar Spanien und Italien, die die schweren und schmerzlichen Reformen noch vor sich haben, in ein Währungsboot setzen. Frits Bolkestein, der populäre Führer der liberalen Regierungspartei, der kein Tabu scheut, sagte kürzlich, die Niederlande sollten an der Währungsunion lieber nicht teilnehmen, falls Deutschland und Frankreich mit den Zulassungskriterien »schummeln« würden. Gleichzeitig warnten namhafte Wirtschaftsprofessoren in einem Manifest vor der mangelhaften wirtschaftspolitischen Flexibilität innerhalb der Währungsunion und der Gefahr eines Wettbewerbs auf Kosten der sozialen Sicherheit. Das offizielle Den Haag reagierte auf beide Angriffe beschwichtigend.

Ähnlich wie in Deutschland sind die großen niederländischen Multinationals (Royal Dutch, Unilever, Philips) und die Banken feurige Befürworter des Euro. Die Bevölkerung ist laut Umfragen dagegen mehrheitlich ablehnend oder abwartend eingestellt. Dabei hält die Währungsunion für die Niederländer im Vergleich zu den Deutschen zwei zusätzliche Vorteile parat. Sie hätten in der Europäischen Zentralbank ein volles Mitspracherecht über die Währungspolitik, während sie bisher ihren Gulden auf Gedeih und Verderb an die Beschlüsse der Bundesbank gekoppelt hatten. Zum zweiten würde ihr relativ kleines Währungsgebiet zum Nutzen ihrer großen Banken und Versicherungen beträchtlich ausgedehnt.

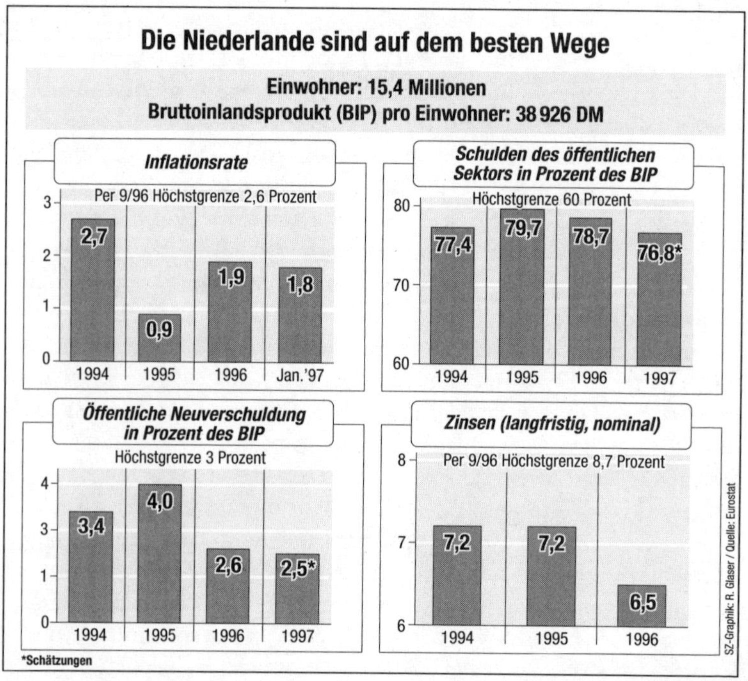

Irland – Große Zuversicht beim grünen Tiger

Der Euro macht Irland noch unabhängiger vom Insel-Nachbarn

Von Gerd Kröncke

London, 11. März – Es war immer ein Klischee, aber es war einmal der Wirklichkeit nahe: Dies ist das Land der Priester und Poeten, verträumt und auf liebenswerte Weise zurückgeblieben, wie Heinrich Böll es in seinem *Irischen Tagebuch* beschrieben hat. Und die jungen Leute, die allesamt keine Arbeit finden, müssen ihr Auskommen jenseits der Irischen See suchen. Auf den Baustellen von London und Liverpool verdingen sich Paddy und Sean und träumen von ihrer Emerald Island, der Grünen Insel Irland. Das war einmal und ist auch noch nicht ganz vorbei, aber die Iren sind auf dem Wege, ein, wie *Newsweek* es neulich nannte, »Emerald Tiger« zu werden. Der Aufschwung kam, nicht nur, aber auch, weil sie auf Europa gesetzt haben.

Die besseren Europäer

Denn die Iren sind die besseren Europäer auf den Britischen Inseln. Wollten die Engländer sich nie abgewöhnen, Europa mit Mißtrauen zu sehen, so haben die Iren das Bekenntnis zu Europa als eine Chance verstanden, sich vom übermächtigen Nachbarn zu emanzipieren.

»Als wir 1973 beitraten«, sagt Irlands kluge Präsidentin Mary Robinson, »hatte dies einen sofortigen psychologischen und politischen Effekt, der für uns überaus wichtig war. Die Last unseres historischen Verhältnisses zu Britannien wurde von uns genommen.«

Anders als die Briten sind die irischen Nachbarn fast völlig verschont geblieben von einer Konfrontation der Euro-Gegner und -Enthusiasten. Zum Projekt der Euro-Währung gibt es auf der Parteiebene, anders als in Britannien, keine Widerstände, allenfalls eine verhaltene Reserviertheit beim kleineren Koalitionspartner, den Progressiven Demokraten. Finanzminister Ruairi Quinn von

Fine Gael, der größten Regierungspartei, hat sich uneingeschränkt zum Euro bekannt.

Kein Widerstand nirgends

Auch Oppositionsführer Bertie Ahern hat erst kürzlich wieder die Zustimmung bekräftigt. Selbst die Labour Party, auch das ist anders als in Britannien, kann sich offen zum Euro bekennen. Obwohl das Instrument der Volksabstimmung zur politischen Kultur gehört, hat niemand ein Referendum zum Euro gefordert.

Die Iren sind überzeugt, daß sie zur ersten Beitrittswelle gehören werden. Nach ihrem Preis-Index lag die Inflationsrate 1996 bei 2,2 Prozent, komfortabel unter der Zulassungshürde. Das Haushaltsdefizit liegt seit zwei Jahren unter zwei Prozent, das Verhältnis von Gesamtschuld und Bruttoinlandsprodukt nähert sich der 60-

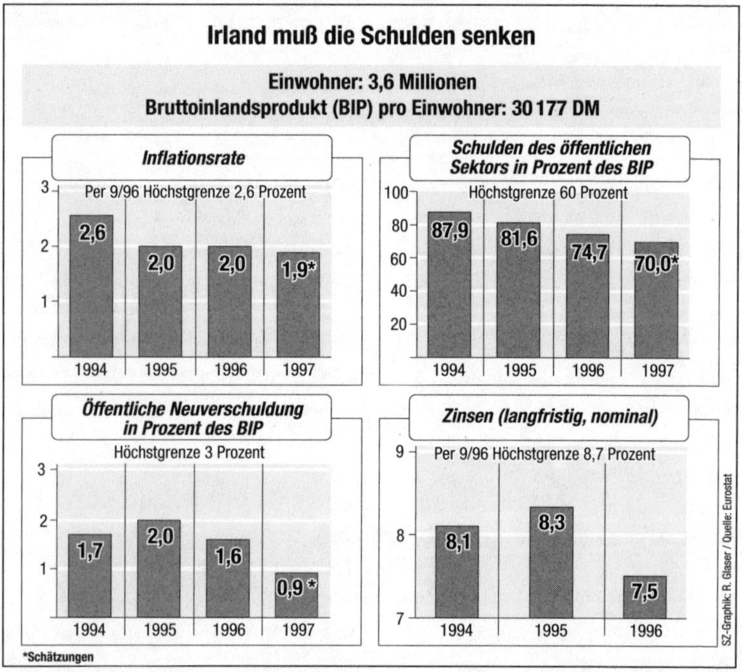

Prozent-Marke, Tendenz fallend. Vor ein paar Jahren noch betrug es weit über 100 Prozent.

Gleichwohl bleibt ein leiser Restzweifel, vor allem von außerhalb genährt, ob Irland tatsächlich beitreten wird. Einige deutsche Stimmen irritieren die Iren, wenn etwa Finanzstaatssekretär Jürgen Stark die Voraussetzungen der »Club Med«-Staaten (Italien, Spanien, Portugal) in Frage stellt und gleich noch von »anderen peripheren Ländern« spricht. Da nun aber Irland unzweifelhaft an Europas Rand liegt, fühlen sich die Iren angesprochen. Zudem führen manche deutsche Banker die Nähe des irischen zum britischen Pfund als Schwachpunkt an. Mag die »Last des historischen Verhältnisses zu Britannien« auch gemildert sein, das Punt macht noch jede Bewegung des Sterling mit. In Dublin geht das Gerücht, daß »Europa« von den Iren erwarten könnte, so lange draußen zu bleiben, wie auch die Briten sich nicht entschließen. Für ihre Wartezeit könnten die Iren finanziell entlohnt werden. Denn aus deutscher Perspektive ist die irische Wirtschaft, wie ungerecht dies auch sein mag, noch immer so etwas wie ein Anhängsel Britanniens. Das ist allerdings so, als würde man die Niederlande als 16. deutsches Bundesland bezeichnen.

Österreich – Schwerer Abschied vom Alpendollar

In Österreich überläßt der Schilling dem Euro nicht kampflos das Feld

Von Roland Bettschart

»Wer den Groschen nicht ehrt, ist den Schilling nicht wert.« Das behauptet ein in Österreich gebräuchliches Sprichwort, das bereits jedem Schulkind die liebevoll »Alpendollar« genannte Landeswährung als Symbol des Wohlstandes nahebringt. Diese emotionale Nähe der Österreicher zu ihrem Schilling erweist sich allerdings im Vorfeld der Teilnahme des Landes an der dritten Stufe der Wirtschafts- und Währungsunion (WWU), die das erklärte wirtschaftspolitische Ziel der österreichischen Koalitionsregierung aus sozialdemokratischer SPÖ und bürgerlicher Volkspartei (ÖVP) ist, als eine ernstzunehmende Hürde.

Der geplante Übergang von der Währungsunion, die seit 1979 praktisch mit Deutschland betrieben wird, zu einer europäischen Währungsunion erfreut sich derzeit in Österreich nur geringer Sympathien. Obwohl Politiker und führende Wirtschaftsforschungsinstitute des Landes in den Medien immer wieder vorrechnen, daß der Euro Österreich nach fünf Jahren einen zusätzlichen realen Zuwachs des Bruttoinlandsprodukts (BIP) von 2,25 Prozent brächte und das Land damit deutlich über dem EU-Durchschnitt läge, können sich die Österreicher für die künftige Einheitswährung nicht begeistern. Bei Meinungsumfragen spricht sich gerade jeder dritte für den Euro aus, fast 40 Prozent erwarten von der Währungsumstellung eher Nachteile als Vorteile.

Die Ängste werden von Jörg Haiders FPÖ kräftig geschürt. Der Euro schade den »kleinen Leuten«, werde die Arbeitslosenzahlen weiter in die Höhe treiben und bringe »soziales Elend«. Haiders Empfehlung an die Koalitionsparteien: »Niemand zwingt uns, den Zeitplan einzuhalten.« Für Bundeskanzler Viktor Klima (SPÖ) und Finanzminister Rudolf Edlinger (SPÖ) steht jedoch außer Zweifel, daß der mit dem Sparpaket aus dem Vorjahr eingeschlagene Kurs zur Erfüllung der Maastricht-Kriterien beibehalten werden soll. Alles andere, argumentieren sie, wäre ein schwerer Schaden für das Land, das 1995 und 1996 durch Wechselkursschwankungen in Europa 1,5 Prozent seines BIP eingebüßt hat. Das ungeliebte Sparpaket soll 1996/1997 Einsparungen von insgesamt 115 Milliarden Schilling bringen und das Budgetdefizit auf drei Prozent verringern. Die Maastrichter Kriterien zu Inflation, Wechselkursen und Zinsen hat Österreich bereits erfüllt. Während sich die Banken des Landes bereits für den Euro gerüstet haben, stehen die Unternehmer der europäischen Währung noch eher abwartend gegenüber. Die Wiener Regierung plant derweil eine Informationskampagne, die den Österreichern die Angst vor dem Euro nehmen soll. Die Absicht Jörg Haiders, vor dem Beitritt zur WWU eine Volksabstimmung herbeizuführen, ist durchaus ernst zu nehmen.

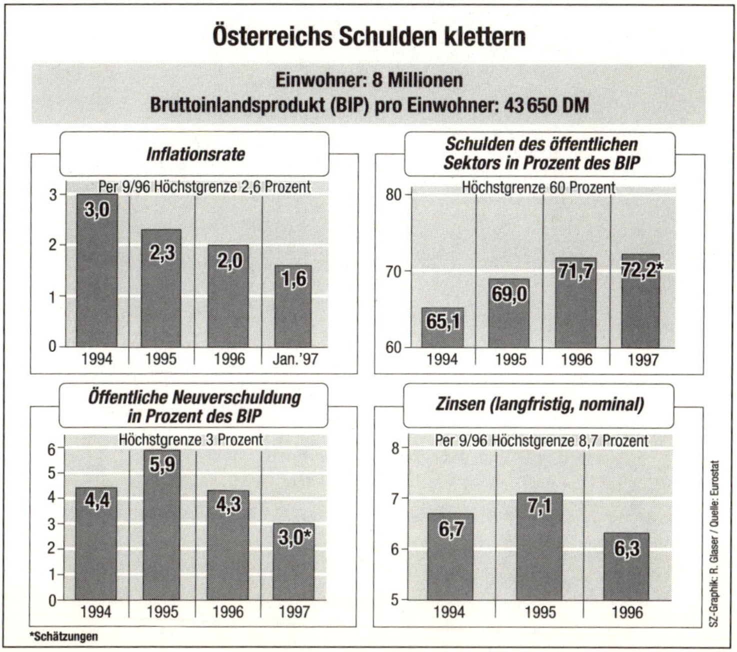

Dänemark – Nicht von Anfang an dabei

Die Dänen müssen von den Vorteilen des Euro erst noch überzeugt werden

Von Markus Zydra

Nach dem Referendum ist vor dem Referendum – in Dänemark beruft man sich in EU-Fragen gerne indirekt auf Weisheiten des früheren deutschen Fußballtrainers Sepp Herberger. Sicherlich mußte das dänische Parlament am 2. Juni 1992 eine schwere Niederlage hinnehmen, als 50,7 Prozent der Bevölkerung gegen das Vertragswerk von Maastricht und damit gegen die Währungsunion (EWU) votierten, der die Volksvertreter zwei Monate zuvor bereits ihren Segen gegeben hatten. Nachdem Dänemark auf dem

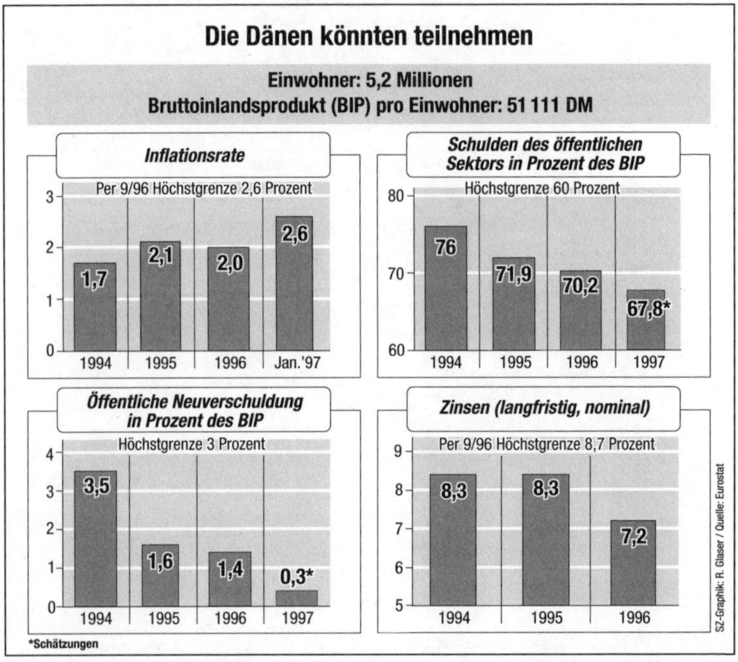

Edinburgher EG-Gipfel Ende 1992 vier Ausnahmeregelungen durchsetzen konnte, klappte es ein Jahr später besser. Im zweiten Referendum stimmten 56,8 Prozent der Dänen für einen freilich stark zurechtgestutzten Maastrichter Vertrag: Das Land bleibt EU-Mitglied, steht jedoch in Fragen der gemeinsamen europäischen Staatsbürgerschaft, Verteidigungspolitik, bei Europol und der Währungsunion außen vor.

Die dänischen Politiker, mehrheitlich für den Vertiefungsprozeß innerhalb der EU, geben jedoch nicht auf. Behutsam, um niemanden aufzuschrecken, erklärte Ministerpräsident Poul Nyrup Rasmussen, die Ausnahmeregelungen würden Dänemark in der EU politischen Einfluß kosten. Wirtschaftsministerin Marianne Jelved fordert unverblümt, Dänemark müsse der Währungsunion beitreten. Euro-freundliche Tageszeitungen veröffentlichten Umfrageergebnisse, nach denen sich eine Mehrheit der Dänen mittlerweile für den Euro ausspricht – all das sind politische Versuchsballons, um die Erfolgschancen bei einer erneuten Volksabstimmung zu ermitteln.

Fest steht, daß Dänemark auf keinen Fall zum 1. Januar 1999 der Währungsunion beitreten wird, obwohl es die Konvergenzkriterien weitestgehend erfüllt. »Die dänische Bevölkerung könnte ihre negative Einstellung allerdings schnell ändern, würde sie die Vorteile des Euro erkennen«, sagt Klaus Rasmussen, Chefökonom des dänischen Industrieverbandes.

Teile der dänischen Gewerkschaften haben die ökonomischen Vorteile mittlerweile wahrgenommen: »Vor allem die Angestellten in der Metallindustrie sprechen sich eindeutig für den Euro aus«, erklärt Aune Noagaard, EU-Experte des dänischen Gewerkschaftsdachverbandes: Die Metaller befürchten Wettbewerbsnachteile im Exportgeschäft, die durch die Kosten beim Handel in zwei verschiedenen Währungen entstehen.

Dennoch will kaum jemand für die »Euro-freie Zone Dänemark« Schreckensszenarien an die Wand malen – man gibt sich selbstbewußt: »Sicherlich werden unsere langfristigen Zinsen höher liegen als innerhalb der Währungsunion, aber das muß nicht in der Katastrophe enden«, ist Klaus Rasmussen überzeugt. Viel wichtiger für Dänemark sei ein wirtschaftlicher Aufschwung beim wichtigsten Handelspartner Deutschland.

Dänemark wird demnach abwarten, wie sich die Währungsunion entwickelt, um dann auf Grundlage der Erfahrungen womöglich noch einmal das politische Institut der Volksabstimmung zu bemühen – es wäre das fünfte Mal im EG/EU-Zusammenhang. Aune Noagard will nicht ausschließen, daß Dänemark bereits im Jahr 2002 der Währungsunion beitritt. Bis dahin ist auch entschieden, ob Dänemarks EU-Mitgliedschaft gegen die Verfassung verstößt: Ole Krarup, Juraprofessor an der Universität Kopenhagen, hat vor dem obersten dänischen Gericht eine entsprechende Klage angestrengt. Bekommt er recht, muß Dänemark aus der EU austreten oder die Verfassung ändern – dafür ist dann allerdings wieder ein Referendum nötig.

Finnland und Schweden – Uneinigkeit im Norden

Finnland will den Euro, Schweden kann sich nicht entscheiden

Von Markus Zydra

Stockholm, 14. März – Während der schwedische Regierungschef Göran Persson eine eindeutige Stellungnahme zum Thema Währungsunion weiter hinauszögert, gibt es für den finnischen Premier Paavo Lipponen keine zwei Meinungen: »Unser Ziel ist es, die Konvergenzkriterien zu erfüllen und ab 1. Januar 1999 mit dabeizusein.« Lipponen ist davon überzeugt, daß die Teilnehmerstaaten einen neuen inneren EU-Kern bilden werden. Dabei wolle Finnland ein Wörtchen mitreden. Die Währungsunion, so Lipponen weiter, entwickle sich zu einem tragenden Pfeiler der europäischen Integration, der von so vielen Staaten wie möglich gestützt werden müsse: »Wenn die kleinen Staaten außen vor bleiben, besteht die Gefahr, daß große EU-Staaten wie Deutschland und Frankreich ihren eigenen Weg gehen. Das liegt nicht in unserem Interesse.«

Der Sozialdemokrat Paavo Lipponen ist ein überzeugter Europäer. Die Stimmung in der finnischen Bevölkerung ist allerdings alles andere als Euro-freundlich. Bei den ersten Wahlen zum Europäischen Parlament am 20. Oktober 1996 erzielten die Euro-Kritiker einen beeindruckenden Erfolg: Die Sozialdemokraten verloren im Vergleich zur Reichstagswahl deutlich an Stimmen, nachdem Lipponen eine Woche zuvor die finnische Markka dem Wechselkursmechanismus des Europäischen Währungssystems (EWS) angeschlossen und damit ein deutliches Zeichen für den Euro gesetzt hatte. Lipponen, der sich dazu noch in einer teilweise Euro-kritischen Fünf-Parteien-Koalition behaupten muß, ficht das nicht an: Die Währungsunion sei zu wichtig, als daß man sich in dieser Frage der öffentlichen Meinung beugen solle. Der Regierungschef klammert sein Amt an den Beitritt, der Ende des Jahres vom finnischen Parlament abgesegnet werden soll – unabhängig davon, ob Nachbar Schweden dieselbe Entscheidung trifft.

Von der vielbeschworenen Einigkeit zwischen Finnland und

Schweden in EU-Fragen ist gegenwärtig nicht viel zu spüren. Finnland gehe seinen eigenen Weg, so Lipponen in einem aufsehenerregenden Interview mit der schwedischen Zeitung *Svenska Dagbladet*, denn wer wisse schon, wofür sich Schweden entscheide. Das wissen die Schweden am allerwenigsten. Die sozialdemokratische Minderheitsregierung ist völlig zerstritten: Bildungsminister Karl Tham nannte die Währungsunion ein »utopisches Ingenieurskonstrukt der schlimmsten Sorte«, Finanzminister Erik Aström verwässerte die Diskussion mit dem Hinweis, es handele sich gegenwärtig nur um die Frage, ob man jetzt oder später beitrete, und Premier Göran Persson gibt sich vollständig verschwiegen: Er wolle den öffentlichen Meinungsbildungsprozeß nicht von oben ersticken.

Die schwedische Bevölkerung, sowieso zunehmend EU-kritisch, ist mehrheitlich gegen den Euro. Vor allem der sogenannte Calm-

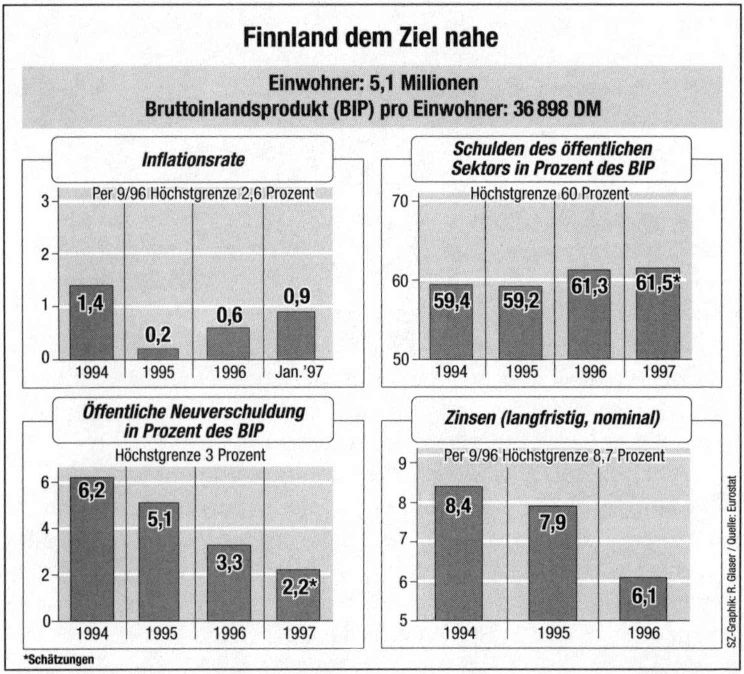

fors-Bericht hinterließ in der Öffentlichkeit Spuren: Eine Gruppe unabhängiger und angesehener Wirtschaftswissenschaftler empfahl der schwedischen Regierung Ende 1996, mit dem EWU-Beitritt zu warten. Weniger öffentliche Durchschlagskraft haben die Empfehlungen der schwedischen Zentralbank, am Euro-Projekt teilzunehmen.

Die politischen Zeichen deuten jedoch darauf hin, daß Schweden erst nach 1999 der Währungsunion beitreten wird – wenn überhaupt. Die Erfüllung der Konvergenzkriterien ist für Schweden, anders als für Finnland, weiterhin ein Problem. Zudem weigert sich Schweden beharrlich, die Krone dem Wechselkursmechanismus des EWS anzuschließen, eine der Vorbedingungen für den Beitritt. Welchen Weg Schweden wählt, wird vom sozialdemokratischen Parteikongreß entschieden werden. Billigen die Delegierten den Euro, ist eine Mehrheit für den Beitritt im Parlament gesichert. Sprechen Sie sich aber dagegen aus, stehen schwere innenpolitische Spannungen bevor.

Portugal und Spanien – Arme PIGS

Portugal und Spanien wollen unbedingt dabeisein

Von Friedrich Kassebeer

Wie beliebt sind doch die Mittelmeerländer, wenn die Europäer aus dem Norden Urlaub mit Sonne und Strand suchen, mit Vino und Flamenco. Ungeliebt aber sind sie jenseits der Alpen und der Pyrenäen bei den Politikern und Ökonomen, die abschätzig von Weichwährungsländern, ironisch vom »Club Med« und nun sogar häßlich von den »PIGS« (englisch: Schweine) reden: *P* für *Portugal*, *I* wie *Italy*, *G* wie *Greece* und *S* für *Spain*.

Dabei wollen sich die unsicheren Kantonisten durchaus nicht über einen Kamm scheren lassen. In der Tabelle für den Aufstieg in die Euro-Spitzenliga steht Spanien besser da als Italien, Portugal besser als Spanien und alle zusammen viel besser als Griechenland. Die in Madrid regierende konservative Volkspartei (PP) sieht sich mit ihrer aggressiv sparsamen Haushaltspolitik den Konvergenzkriterien sehr nahe und denkt nicht daran, politische Rücksichten auf Italien zu nehmen.

In Portugal versteht man es schon mal gar nicht, in einem Aufwasch mit den »Mittelmeerländern« genannt zu werden, da seine Küsten ausschließlich vom Atlantik umspült werden. Die Gemeinsamkeit mit Spanien besteht darin, daß beide Länder auf der Iberischen Halbinsel nachbarschaftlich verbunden sind und 1986 zusammen in die Europäische Gemeinschaft aufgenommen wurden. Dank einer solideren Finanzpolitik kommt Portugal heute jedoch der Erfüllung der Maastricht-Kriterien näher als Spanien. Die in Lissabon regierende Sozialistische Partei (PS) ist entschlossen, auf den Beitritt zur Euro-Spitzengruppe zu pochen, auch wenn Madrid wegen unerledigter »Hausaufgaben« doch draußen bleiben müßte.

Portugal war trotz seiner Randlage an der Südwestecke Europas über Jahrzehnte enger mit der westlichen Gemeinschaft verbunden als Spanien. Die Klammer war die NATO-Mitgliedschaft, die der portugiesische Diktator Salazar dem spanischen Generalissimus

Franco voraus hatte. Erst nach dem Ende der Diktaturen – die Portugiesen befreiten sich durch die Revolution 1974, Franco starb 1975 – konnte mit dem Aufbau der Demokratie die Integration in die Europäische Gemeinschaft beginnen. Sie ist mit Umwälzungen in Industrie und Landwirtschaft verbunden, die große Opfer verlangten. Sie hat aber auch, nicht zuletzt durch reichliche Mittel aus den EU-Kohäsionsfonds, einen Modernisierungsschub überalterter Strukturen erzwungen.

In beiden iberischen Ländern dominieren Parteien, die zielstrebig für die Europäische Wirtschafts- und Währungsunion eintreten und damit auch die Politische Union erreichen wollen. Die Spanier sind, wie Umfragen belegen, mit deutlicher Mehrheit für die Einheitswährung. Der Wechsel von der vertrauten Peseta zum Euro wird denen leichtfallen, denen die einst galoppierende Inflation die Ersparnisse genommen hat. Im Februar 1997 ist die Inflation auf

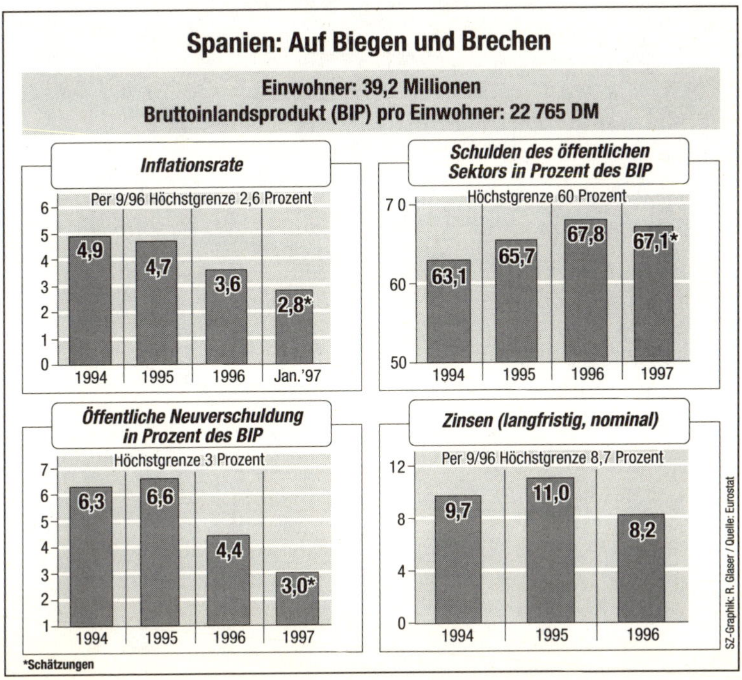

einen seit Generationen nicht erlebten Stand von 2,5 Prozent gesunken. Spanien hat also diesen Referenzwert und den für die Zinsen unterschritten. Die Drei-Prozent-Grenze beim Defizit glaubt der konservative Ministerpräsident Jose Maria Aznar durch seine restriktive Haushaltspolitik sicher erreichen zu können, nur die Reduzierung der öffentlichen Schulden auf 60 Prozent ist fraglich.

In Portugal stehen die sozialistische Regierung unter Premier Antonio Guterres und die liberal-konservative Opposition gemeinsam für den Wechsel vom Escudo zum Euro ein, während die Kommunisten und die rechtsgerichtete Volkspartei aus unterschiedlichen Gründen dagegen sind. »Nein zur Einheitswährung – Ja zum Referendum« heißt die Parole der KP für eine Kampagne. Ähnlich wie die spanischen Linken warnen sie vor einem unsozialen Europa und einer von der Bundesbank angeblich angestrebten deutschen Vorherrschaft. Für ein Referendum als Entscheidung über den Euro tritt auch die Volkspartei ein, die einen portugiesischen Hurra-Patriotismus wiederzubeleben versucht. Premier Guterres betreibt jedoch beharrlich seine Sparpolitik, um in der Euro-Spitzengruppe dabeizusein.

Nachwort zur Taschenbuchausgabe: Das heißeste Thema

Von Winfried Münster

Der Schlüssel für den Einstieg in die Währungsunion liegt in Frankreich. Bis zu den Wahlen zur Nationalversammlung, genauer: bis zur Stichwahl Anfang Juni, gab es wenig Zweifel sowohl an der Entschlossenheit Frankreichs, eine Währungsunion einzugehen, als auch daran, daß die Regierung in Paris die Maastrichter Qualifikationskriterien erfüllen würde, und sei es auch mit letzter Kraft. Staatspräsident Jacques Chirac stellte seine Entschiedenheit dadurch unter Beweis, daß er die Parlamentswahlen um ein Jahr vorzog, um freie Hand für schmerzliche Abstriche an den staatlichen Leistungen zu bekommen. Aber die Wähler spielten nicht mit. Die Regierungsmacht fiel an die Opposition, die nicht mehr die Rigorosität der vorhergehenden bürgerlichen Regierungen zeigt. Der neue Premierminister Lionel Jospin erklärte nach seiner Wahl mehrmals, daß zwar auch er den Euro eingeführt sehen wolle, jedoch nicht unter der Bedingung, daß strikt eine Höchstgrenze von 3 Prozent für das Staatsdefizit beachtet werden müsse.

Inzwischen steht fest, daß Frankreichs Defizit auch im laufenden Jahr 1997 in dem sich die Kandidaten qualifizieren müssen, die berühmt-berüchtigten »Drei-Komma-Null« überschreiten wird. Da sich Bundeskanzler Helmut Kohl jedoch kurz nach der Wahl in Frankreich auf diesen Höchstwert festgelegt hat, ist zwar nicht der Euro selbst, wohl aber seine termingerechte Einführung zum 1. Januar 1999 wieder ungewiß geworden. Der Kanzler wird sicherlich nicht darauf bestehen, daß die Nachbarländer seinem Vorbild strikt folgen. Doch verstehen sie ihn richtig, wenn sie nun darauf achten, daß die Fehlbeträge ihrer öffentlichen Haushalte nicht allzu weit jenseits der 3,0 Prozent des Bruttoinlandsprodukts liegen werden. Gegenüber einer ohnehin skeptischen Öffentlichkeit, der er sich zumal im Herbst nächsten Jahres zur Wahl stellen muß, täte er sich dann schwer zu erklären., warum Vater Staat im eigenen Land den spitzen Rotstift ansetzen mußte, in den Nachbarländern aber nicht. Die neue französische Regierung stellt den Sinn der »punktgenauen« Erfüllung des Maastrichter Defizitkriteriums in Frage und bekennt, daß sie einen Gegensatz zwischen ihrem Kampf gegen die Arbeitslosigkeit und weiteren Sparanstrengungen zugunsten der »Drei-Komma-Null« sehe. Bevor die Arbeitslosenrate weiter steigt, will sie das Defizit lieber ausweiten und Beschäftigungsprogramme auflegen, anstatt es zu Gunsten der Qualifikation für die Währungsunion zu drücken. Dieses Bekenntnis löste hierzulande sofort eine ebenso breite wie hitzige Diskussion über die Gefahr eines »weichen« Euro aus. Zwei Meinungen standen sich gegenüber.

Der einen zufolge kommt es für die Stabilität der europäischen Währung gewiß nicht auf die Stelle hinter dem Komma an. Es sei unseriös, das Schicksal des Euro davon abhängig zu machen. Mit der Zeit stabilisiere sich die Währungsunion gleichsam von selbst. Der weltweite Wettbewerb um Kapital werden die Mitgliedsstaaten zwingen, eine Politik der stabilen Geldes und der soliden Finanzen zu betreiben.

Der anderen Meinung entsprechend ist die strikte Erfüllung der Kriterien Vertrauenssache. Länder, die nicht einmal dann befriedigend Haushaltsdisziplin übten, wenn sie sich für den Währungsbund erst noch qualifizieren müssen, würden sich dieser Disziplin bestimmt nicht mehr unterwerfen, wenn sie erst einmal aufgenommen sind. Regierungen aber, die mit hoher Staatsschuld und aufgeblähten Defiziten umzugehen haben, seien auf niedrige Zinsen angewiesen. Sie würden die Europäische Zentralbank unter Druck setzen, eine unsolide Geldpolitik zu betreiben. Wird dieser Druck von zu vielen Mitgliedsländern ausgeübt, so könne die Zentralbank ihm nicht widerstehen.

Vertrauen in der Euro einzuflößen – seit der französischen Parlamentswahl ist das schwer geworden. Es rächt sich jetzt, daß die große Mehrheit der Partnerstaaten in der Gemeinschaft ihre öffentlichen Finanzen in den Jahren nach dem Abschluß des Maastrichter Vertrages nicht energisch genug konsolidiert haben. Würden die Kriterien von Frankreich und Deutschland, salopp gesprochen, locker erfüllt, so wäre die Währungsunion jetzt, wenig mehr als ein Jahr, bevor sie in Gang gesetzt werden soll, bestimmt nicht mehr umstritten. Statt dessen aber ist sie zum heißesten Thema »avanciert«. Den Zeitplan dennoch einzuhalten, bedarf es in diesem Lande vermutlich einer politischen Kraftanstrengung ohnegleichen. Der Kanzler hat den Kampf um die Währungsunion angekündigt. Im nächsten Jahr zieht er zum fünften Mal in die Wahl – wegen des Euro und mit dem Euro.

Die 50 Fragen im Überblick

1. Wie sicher ist es, daß der Euro kommt?
2. Kann die EU-Gipfelkonferenz nicht auf Drängen des französischen Staatspräsidenten Jaques Chirac und des Bundeskanzlers politisch beschließen, daß die Währungsunion 1999 auf jeden Fall beginnen soll?
3. Wenn die Währungsunion zum 1. Januar 1999 eingeläutet wird, was genau passiert dann?
4. Wann kommen die ersten Euro?
5. Verliert die Mark an Wert, wenn sie mit anderen Währungen verkettet wird? Ist mehr Inflation die Folge?
6. Was passiert mit dem Geld, das man auf der Bank liegen hat, wenn der Euro eingeführt wird, die Mark aber noch bestehen bleibt?
7. Wird die Mark schließlich automatisch durch den Euro ersetzt?
8. Wenn der Euro die Mark ablöst, erleidet der Kontoinhaber dann Einbußen?
9. Besteht die Gefahr, daß die Umrechnung in Euro zur »kalten« Abwertung der D-Mark genutzt wird?
10. Ist es denkbar, daß das ganze Projekt noch in der Übergangszeit abgebrochen wird?
11. Alle reden von den Maastrichter Kriterien. Warum sind sie so wichtig?
12. Wo liegt der Zusammenhang zwischen dem Staatsdefizit sowie der Staatsschuld und der Stärke des Euro?
13. Warum wurden ausgerechnet drei beziehungsweise 60 Prozent als Obergrenzen für das Defizit und die Staatsschuld festgesetzt?
14. Wie steht es um die Einhaltung der Konvergenzkriterien?
15. Gibt es einen Interpretationsspielraum für die Kriterien?
16. Euro oder Arbeitsplätze? Ist das die Alternative?
17. Was wird gegen Waigels Maastricht-Politik eingewendet?
18. Läuft die Debatte um die Arbeitsplätze dann nicht darauf hinaus, daß die Währungsunion verschoben werden soll?
19. Bedeutet die Währungsunion für den Arbeitnehmer ein unmittelbares Einkommensrisiko?

20. Verzichtet Minister Waigel wegen Maastricht auf ein Arbeitsplatz-Beschaffungsprogramm?
21. Soll man nur in Sachwerte wie Gold oder Immobilien investieren, um sich vor einem weichen Euro zu schützen?
22. Szenario 1: Welche Geldanlagen gewinnen tendenziell durch eine Kernwährungsunion?
23. Szenario 2: Welche Anlagen gewinnen tendenziell durch eine große Währungsunion?
24. Szenario 3: Welche Folgen hätte eine Verschiebung des Euro?
25. Welches Szenario ist das wahrscheinlichste?
26. Wer hat die Maastrichter Währungsunion erfunden?
27. Ist nicht Frankreich heute die maßgebliche Triebkraft hinter der Europäischen Währungsunion?
28. Hat Frankreich seinen Status als Siegermacht genutzt und sich die Währungsunion mit seiner Zustimmung zur deutschen Wiedervereinigung erkauft?
29. Man hört immer wieder von deutsch-französischen Auseinandersetzungen während der Vorbereitung der Währungsunion.
30. Will die französische Regierung die Unabhängigkeit der EZB unterlaufen?
31. Können Bundestag und Bundesrat den Euro stoppen?
32. Kann man gegen den Euro klagen?
33. Welche Grundrechte könnten verletzt sein?
34. Könnte das Verfassungsgericht selbst den Euro stoppen?
35. Kommt es zum Krach mit Brüssel und dem Europäischen Gerichtshof?
36. Der Maastrichter Vertrag regelt die Einführung des Euro. Warum muß es unbedingt einen Stabilitätspakt geben?
37. Wie funktioniert der Stabilitätspakt?
38. Was bedeutet die von Finanzminister Waigel immer wieder geforderte »Quasi-Automatik« der Sanktionen?
39. Garantiert der Stabilitätspakt einen starken Euro?
40. Welche rechtliche Verbindlichkeit hat der Pakt, und wann tritt er in Kraft?
41. Der Streitwert ist auf 500 000 DM festgesetzt. Der Euro ist 1,937 DM wert. Beträgt der Streitwert nun 258 131,13 Euro?
42. Wie werden die Banken mit ihren Kunden am Schalter umgehen?

43. Vor welchen Problemen steht die Industrie?
44. Warum setzt die Industrie solch große Hoffnungen in den Euro?
45. Dann steigen vielleicht auch die Löhne und Gehälter wieder schneller?
46. Wenn der Euro kommt . . . Soll er denn kommen?
47. Dienen die Maastrichter Qualifikationskriterien also nur der Beruhigung des skeptischen Bundesbürgers. Kommt es auf sie nicht an?
48. Können die Kriterien denn noch erfüllt werden? Und wenn nein, wäre es dann nicht ratsam, den Euro jetzt zu verschieben, damit Klarheit herrscht?
49. Wie also können Kanzler und Finanzminister in Anbetracht unerfüllter Kriterien einen harten Euro sichern?
50. Würde sich in Euro-Land das Beispiel der innerdeutschen Währungsunion wiederholen? Müßten gigantische Finanzhilfen in schwache Mitgliedsländer transferiert werden?

Auslandsberichte im dtv

Noam Chomsky
Wirtschaft und Gewalt
Vom Kolonialismus zur neuen Weltordnung
dtv 4665

Asit Datta
Welthandel und Welthunger
dtv 30372

John King Fairbank
Geschichte des modernen China 1800 bis 1985
dtv 4497

Michael Holzach
Das vergessene Volk
Ein Jahr bei den deutschen Hutterern in Kanada
dtv 30008

Gerhard Konzelmann
Jerusalem
4000 Jahre Kampf um eine heilige Stadt
dtv 10738

Peter Scholl-Latour
Der Tod im Reisfeld
Dreißig Jahre Krieg in Indochina · dtv 30336

Harro von Senger
Strategeme. Anleitung zum Überleben
Chinesische Weisheit aus drei Jahrtausenden
dtv 30549

Dorothee Sölle
Gott im Müll
Eine andere Entdeckung Lateinamerikas
dtv 30040

Jennifer Toth
Tunnel-Menschen
Das Leben unter New York City · dtv 30564

Michael Weithmann (Hg.)
Der ruhelose Balkan
Die Konfliktregionen Südosteuropas
dtv 4612

Wissen, was Sache ist

Karriere machen statt jobben, selbständig werden statt abhängig bleiben. Namen, Zahlen, Fakten speichern statt vergessen – dtv Ratgeber zeigen, worauf es ankommt.

Sabine Hildebrandt-Woeckel
Der Weg nach oben
Karriereberatung
dtv 36535
Wie kann man seine Karriere gezielt beeinflussen, wo helfen Karriereberater, welche Angebote sind seriös und finanzierbar?

Monica Riedel und Friederike Stüven
Frauen machen Medien
Karriere in Presse, Hörfunk und Fernsehen
dtv 36538
Berufsbilder, Sender- und Printprofile, Ausbildung im In- und Ausland. Mit vielen Interviews und Tips von Insiderinnen.

Dietrich Krämer
Einsteiger, Aufsteiger
Tips und Tricks vom Headhunter
dtv 36523
Ein Insider packt aus. Wie Sie Ihren Traumjob bekommen und worauf Sie bei Vertragsabschluß achten müssen.

Dietrich Krämer
Selbständig werden und bleiben
Tips und Tricks für Newcomer und Profis
dtv 36532
Motivierende Ein- und Aufstiegshilfen. Mit einem übersichtlichen Programm für den Geschäftsaufbau.

Chris Dietsche und Jutta von Westernhagen
Frauen machen Geschäfte
Der Weg zur beruflichen Selbständigkeit
dtv 36520
Von der ersten Idee bis zur Eröffnung des Geschäfts. Mit Beispielen, Arbeitshilfen und Checklisten.

Roland R. Geisselhart und Marion Zerbst
Das perfekte Gedächtnis
Der schnelle Weg zum Superhirn, Gedächtnistraining leicht gemacht.
dtv 36525
Der geniale Kurs, der jedes Gedächtnis spielend leicht zu einem Superhirn macht.

Geschichte des 20. Jahrhunderts im dtv

Erich Angermann
Die Vereinigten Staaten von Amerika seit 1917
dtv 4007

Peter Bender
Episode oder Epoche?
Zur Geschichte des geteilten Deutschland
dtv 4686

Martin Broszat
Der Staat Hitlers
dtv 4009

Marion Gräfin Dönhoff
Namen, die keiner mehr nennt
dtv 30079

Juan Pablo Fusi
Franco
Spanien unter der Diktatur 1936-1975
dtv 4576

Lothar Gruchmann
Der Zweite Weltkrieg
dtv 4010

Gerd Hardach
Der Marshall-Plan
Auslandshilfe und Wiederaufbau in Westdeutschland 1948-1952
dtv 4636

Helmut Heiber
Die Republik von Weimar
dtv 4003

Hans Graf von Lehndorff
Menschen, Pferde, weites Land
Kindheits- und Jugenderinnerungen
dtv 30074

Hans Graf von Lehndorff
Ostpreußisches Tagebuch
Aufzeichnungen eines Arztes 1945-1947
dtv 30094

Heinrich Potthoff
Die „Koalition der Vernunft"
Deutschlandpolitik in den 80er Jahren
dtv 2974

Gerhard u. Nadja Simon
Verfall und Untergang des sowjetischen Imperiums
dtv 4598

Tagebuch aus Moskau 1931-1939
Hrsg. von Jochen Hellbeck
dtv 2971

Hermann Weber
Geschichte der DDR
dtv 4430